KB111014

역사는
꿈꾸는 자의 것이다

김우중
아포리즘

북스코프

아버님의 진심

"창조와 도전은 알겠는데 희생은 왜 해야 해?"

아버님 산소에서 돌아오는 길이었습니다. 초등학교 5학년인 첫째에게
대우 정신을 설명해주고 있는데 아이가 의아해하며 물었습니다.
저 역시 그 나이 즈음에 비슷한 생각을 했던 것 같습니다. 그때 저는
별생각 없이 전쟁영화에서 동료를 구하는 영웅담, 혹은 가난한 시절
먹을 것 안 먹고 입을 것 안 입으며 자식들 공부시킨 부모님 세대를
떠올렸습니다. 희생이란 그저 한 사람의 일방적 헌신 같은 미덕으로만
생각했습니다.

대우 정신은 '창조, 도전, 희생'입니다. 창조와 도전은 시대를 막론하고
모든 세대를 사로잡는 진취적이고 긍정적인 정신으로, 우리가 가야 할

길로 받아들여집니다. 반면, 희생은 그렇지 않습니다.
경제성장의 토대가 닦이고 나자 희생은 어느덧 산업화 세대나 외치는
구시대적 발상으로 여겨졌고, 요즘 젊은 세대들에겐 미덕이라기보단
차라리 미련함 정도로 치부됩니다.

대우가 해체된 이후 처음으로 아버님과 많은 시간을 함께할 수
있었습니다. 아버님의 곁에서 아버님을 지켜보고 대화하면서 저는
희생에 대해 다시 한번 생각하게 되었습니다. 어린 시절, 아버님의
에세이《세계는 넓고 할 일은 많다》를 위인전처럼 읽었습니다.
그때만 해도 아버님의 삶 자체가 전쟁터의 무용담이나 마을마다
전승되어온 도저히 있을 것 같지 않은 신화처럼 제 머릿속에
각인되었습니다. 대우를 떠나신 이후에야 비로소 회장님이 아니라

아버님으로 바라볼 수 있었습니다. 그렇게 함께 보냈던 스무 해 조금 넘는 시간 동안, 저는 비로소 아버님의 업적이 아니라 당신의 마음을 조금이나마 헤아리게 되었습니다.

아버님은 언제나 진심으로 사람을 대하셨습니다. 나이나 지위, 사회적 위치 따위는 고려하지 않으셨습니다. 당신이 먼저 내려와 손을 내밀어 뭇사람의 마음을 얻으셨습니다. 아버님의 비즈니스에서 늘 첫 번째 우선순위는 사람들의 마음을 사는 것이었습니다. 가깝게는 아내와 자식들에게, 땀 흘려 함께 일했던 숱한 동료들과 비즈니스 상대들에게, 심지어 전 세계 정상들에게 늘 똑같은 마음으로 정성을 다해 그들의 마음을 샀습니다.

아버님의 장례식을 치르며, 아버님의 공과 과에 대한 많은 분들의 이야기를 들었습니다. 언젠가 때가 되면 그 이야기들도 소중히 듣고 정리해야겠지요. 그래서 지금부터라도 아버님에 대한 수많은 이야기와 아버님의 진심 어린 목소리를 발굴하고 모으고 간직하고 싶습니다. 그 마음으로 저는 아버님의 진심이 담긴 희생을 먼저 이야기하고 싶습니다.

아버님의 1주기에《김우중 아포리즘》을 세상에 내놓습니다.
아버님께서 젊은이들에게 들려주고자 했던 진심이 담긴 조언들과
사람과 장소는 달라도 늘 한결같이 들려주셨던 수많은 말씀들…
이 책이 아버님의 진심을 한번 더 새겨보는 기회가 되었으면 합니다.
저는 확신합니다. 시간이 지날수록 아버님의 희생은 더욱 각별하게
기억될 것입니다. 이 책이 아버님과 크고 작은 인연을 맺은 분들께
추억을 떠올릴 기회가 될 수 있기를, 아버님을 모르는 이들에게는
새로운 만남의 계기가 되기를 기대합니다. 아버님의 진심을 만나는
모든 이들이 아버님의 벗이 될 것이라 믿어 의심치 않습니다.

아버님 산소에 다녀오는 길, 저는 첫째에게 이렇게 답했습니다.
"네가 할아버지에게 거리낌없이 안길 수밖에 없게 만들던,
할아버지의 뜬금없는 환한 미소와 따뜻한 눈빛 기억하지?
그게 바로 할아버지의 마음이고 희생정신이란다."

김선용
김우중 회장의 차남
㈜벤티지홀딩스 대표

아포리즘을 펴 내는 마음

의미 있는 삶은 흔적을 남깁니다. 그것은 위대한 성취일 수도 있고
뛰어난 작품일 수도 있습니다. 이에 못지않은 중요한 흔적들 가운데
아포리즘이 있습니다. 삶의 깊이가 압축된 한마디, 체험적 진리가
스며 있는 경구들. 전 생애에 걸쳐 일관된 철학으로 발현되고 동시대에
큰 영향을 끼친 말과 글을, 후대는 '지금 여기'로 다시 소환해냅니다.
아포리즘으로 기억되는 누군가의 말과 글은 시대를 막론하고
뭇사람의 마음을 움직이는 동력이 됩니다.

김우중 회장은 서른에 청년창업 후 우리 경제계에 처음으로
전문경영인의 길을 열었습니다. 그는 샐러리맨의 우상이었습니다.
산업화를 주창하던 정부의 파트너로서 역할하며 '아무도 가지
않는 길'이었던 해외시장을 개척해낸 선구적 기업인이었습니다.

그는 사십 대에 아시아 기업인 최초로 국제상업회의소ICC로부터
기업인의 노벨상으로 불리는 '국제기업인상International Business
Award'을 받았고, '대학생이 가장 좋아하는 기업인'으로 수차례
호명되었습니다. 세계경제포럼 50인의 자문위원 중 유일한
아시아인이었습니다. 많은 신흥국들과 세계적 기업들이 그에게
꾸준히 자문을 청했습니다(거기에는 중국과 베트남, 북한도 포함됩니다).
우리 국민 중에서 그만큼 세계적으로 깊고 넓게 활약한 사람은
전무후무할 것입니다. 그 화려한 이력의 이면에는 '인간 김우중'으로
특정되는 일관된 말과 글, 그리고 삶의 방식들이 있었습니다.

김우중 회장은 1989년 에세이《세계는 넓고 할 일은 많다》를
펴냈습니다. 이 책은 출간 6개월 만에 최단기 밀리언셀러를 기록하며

기네스북에 올랐습니다. '내 사랑하는 젊은이들에게'라는 부제처럼
수많은 젊은이들의 가슴을 격동시켰으며, '세계는 넓고 할 일은
많다'는 책 제목을 넘어 세계시장을 개척해 나가는 시대의 화두처럼
회자되었습니다. 2014년 출간된 대담집《김우중과의 대화》의 부제도
'아직도 세계는 넓고 할 일은 많다'였습니다. 김우중 회장의 시선은
평생 한반도에 갇히지 않고 세계를 향했습니다. 삶의 마지막 순간까지
젊은이들의 손을 잡고 그들을 세계로 이끌었습니다.
그는 언제나 청년이었고 마지막까지 꿈꾸는 자였습니다.

평생에 걸친 기억들이 많지만 지금껏 가슴을 뛰게 하는 기억은
대부분 젊은 시절의 것들이다. 젊은 시절의 경험은 너무도
강력해서 그대로 좌표가 되어 삶에 녹아드는 것 같다. 그때
가장 치열하게 살기도 했지만, 젊은 시절의 노력이 가상했는지
노력하는 만큼 꼭 칭찬과 격려가 되돌아왔다. 덕분에 나는
삼십 대 중반에 큰 국가 행사에서 기업인을 대표하는 자리에
서보기도 했다. 젊은 시절 나에게 그런 기회를 주고 격려를
보내준 국가와 사회에 감사드린다. 아울러 젊은이들이 주역이
되는 시대가 다시 만들어졌으면 좋겠다고 생각한다. 그래서
그때의 나보다 더 젊고 패기 넘치는 젊은이들이 우리 경제,

나아가 세계 경제의 주역으로 우뚝 섰으면 좋겠다. 조금이라도
도움이 될 수 있다면 나는 마지막으로 그것을 돕고자 한다.

《김우중 어록》(2017), '서문'에서.

김우중 회장은 2019년 12월 9일 밤 11시 50분, 세상을 떠났습니다.
이제는 그의 활약을 만날 수 없습니다. 하지만 그가 남긴 뜻과 정신은
'아직도' 살아 숨 쉬듯 생생하게 우리의 삶에 와닿습니다. 더는 접할
수 없는 아쉬움, 버릴 수 없는 가치를 되새기기 위해 1주기를 앞두고
《김우중 아포리즘》을 펴냅니다.《세계는 넓고 할 일은 많다》《김우중
어록》을 저본으로 삼아 김우중 회장의 말과 글을 새롭게 추슬러 담고,
가까이에서 그와 함께했던 몇몇 이들의 회고담을 함께 실었습니다.

이 책이 '꿈꾸는 자' 김우중 회장을 기억하는 모든 이들, 그리고
'가능성의 존재'인 젊은이들에게 뜻 깊은 선물이 될 수 있기를
기대합니다.

2020년 12월
김우중 회장 별세 1주기를 앞두고
발간위원 일동

차례

2부 김우중, 그 사람

1부
아포리즘

1
젊음

꿈꾸지 않는 젊음은 젊음이 아니다

젊은 시절에 반드시 가져야 할 소중한 것 중에
꿈처럼 값진 것은 없다. 아무리 가난하다 하더라도
커다란 꿈을 가지고 있는 사람은 결코 가난한 것이 아니다.
그는 그가 가지고 있는 꿈의 크기만큼 부자이다.
아무것도 가진 게 없어도 가슴속을 뿌듯하게 만드는
그 꿈 하나 때문에 아무것도 부러울 것이 없는 때가 젊은 시절이다.

꿈은 환경을 바꾸고 세계를 변화시키는 원동력이다.
꿈이 있는 사람, 꿈을 키우는 사회, 꿈을 공유하는 민족은
세계사의 주인공이 될 수 있다.
세계를 움직이는 인물 가운데 꿈이 없는
젊은 시절을 보낸 사람이 있을까?
젊은이에게 꿈과 희망을 심어주지 않는 나라가
어떻게 세계를 이끄는 힘 있는 나라가 될 수 있을까?

여러분은 지금 꿈을 꾸는가? 어떤 꿈을 갖고 있는가?
꿈이 없는 젊음은 젊음이 아니다. 젊음은 꿈이 있어서
소중한 것이다. 아니, 젊음은 꿈이 있어서 젊음인 것이다.
역사는 꿈꾸는 사람의 것이다.

젊은이는 꿈으로 충만한 세대이다.

그 꿈 때문에 젊음은 더욱 빛나고,

그 꿈이 있어서 젊음은 한층 소중한 것이다.

꿈꾸지 않는 젊음은 젊음이 아니다.

왜냐하면 꿈은 젊음의 내용이고, 핵심이고,

젊음 그 자체이기 때문이다.

젊은이라면 반드시 갖춰야 할 당위이기 때문이다.

꿈은 항해하는 배의 키와 같다.

키는 매우 작고 물속에 잠겨 있기 때문에 눈에 보이지도 않지만,

배의 항로를 결정하는 것은 그 보이지 않는 작은 키이다.

그러므로 꿈이 없는 인생은 키 없는 배와 같다.

키가 없는 배를 상상해보라.

키가 없는 배가 방향을 못 잡고 표류하고 말 듯이

꿈이 없는 인생도 마찬가지로 목적을 잃고 휘청거리다가

좌초하고 말 것이다.

잘못된 꿈을 가진 사람의 인생 또한 꿈이 없는 사람의 인생만큼이나
위험하기는 마찬가지이다. 개인적 안락과 같은 지극히 현실적인
꿈만을 가진 사람 또한 전혀 꿈을 갖지 못한 사람의 인생만큼
딱하게 느껴진다. 그런 사람은 젊음이 갖고 있는
소중한 재산을 인식하지 못하는 사람이다.
여러분은 꿈이 있는가? 있다면, 여러분이 가진 그 꿈은 무엇인가?
여러분의 책상 앞에, 또는 여러분의 머릿속에 뚜렷하게 박힌
꿈이 있는가? 그 꿈을 살찌우며 키워나가기 바란다.
꿈은 키와 같아서 그 꿈이 지향하는 방향을 향해
여러분의 인생의 배가 나아갈 것이므로.

나는 여러분이 '꿈 중독자'가 되었으면 합니다.
꿈이 크고 꿈이 선명하면 남이 하지 말라고 해도
스스로 열심히 노력하게 될 것입니다.

2016년 10월 11일.
글로벌청년사업가 양성과정(GYMB) 연수생과의 대화.

꿈은 곧 미래에 대한 확신입니다. 자기 분야에 애정을 가지고
최선을 다하는 사람들을 보면 분명히 뭔가 다른 점이 있습니다.
그런 사람은 반드시 꿈을 지니고 있으며, 그것을 성취할 수 있다는
믿음을 가지고 있습니다. 많은 사람들이 목표에 대한 도전도
하지 않고 쉽게 포기해버리는 이유는 바로 꿈이 없는 인생을
살아가기 때문입니다. 꿈이 있는 사회는 미래에 대한 확신이 있고
힘과 의지도 강합니다. 우리가 꿈을 가져야 하는 이유를 저는
바로 여기서 찾고자 합니다.

1991년 11월 9일. 전국대학교 최고경영자과정 총연합회 초청 강연.

꿈이라고 하는 것은 실현될 수 있기 때문에 꿈을 꾸고,
최선을 다하는 사람은 반드시 자신의 꿈을 성취하게 되는 법입니다.
많은 사람들이 꿈이란 성취 불가능한 것이라고 생각하고
도전도 해보지 않은 채 포기해버리는 경우가 많습니다.
꿈은 실현될 수 있기 때문에 꾸는 것입니다.

1991년. YPO 서울지회 초청 강연.

오늘도 행복하고 내일 더 행복하려면 어떻게 해야 하는가?

먼저 무엇이 나를 행복하게 하는가를 생각해야 합니다.

나는 그것을 꿈이라고 얘기합니다.

꿈이 이루어지도록 노력하는 것이 행복 그 자체여야 합니다.

불행한 과정을 거쳐서 행복에 이르는 수도 있겠지만

행복을 꿈꾸며 하루하루 노력해 그것이 조금씩 이루어지는 것을

느낄 때가 나는 가장 행복한 순간이라 생각합니다.

2016년 10월 11일, GYBM 연수생과의 대화.

젊은이들과의 대화는 언제나 두 가지 즐거움을 준다.
그들로부터 푸른 기운과 순수한 사고를 느끼게 됨이
즐거움의 첫째요, 나의 남다른 경험을 그들에게 전해주는
나눔이 두 번째의 즐거움이다. 그래서 유난히
나는 젊은이들과 얘기하기를 좋아한다.

젊은이는 항상 내일을 준비하는 존재이다. 내일의 우리 사회가 어떤 모습을 띠게 될 것인지는 전적으로 오늘을 사는 젊은이들의 정신에 달려 있다.

젊은이에게 가장 소중한 재산은 자신감이다.
젊은이들은 자신감으로 경험을 대신해야 한다.
충만한 자신감은 남들이 보지 못하는 것을 볼 수 있게 한다.
반면에 자신감을 잃으면 쉽고 빠른 길을
옳은 길이라 착각하게 된다.

젊은이들은 항상 새로움에 도전하는 기상을 가져야 한다.
또한 확고한 비전을 가지고 미래를 맞아야 한다.
그리고 무엇보다도 젊은 세대들은 우리라는 공동체의식을
가져야 한다. 그래야 우리의 내일을 짊어질 수 있다.

늦게까지 책을 보다가 한밤중에 학교 도서관을 나설 때,

또는 그 먼 통학길을 걷다가 문득 밤하늘을 올려다보았을 때,

내 좁은 가슴을 가득 채우던 그 뿌듯함을

나는 지금도 잊을 수가 없다.

그때는 세계가 내 것인 것만 같았다.

아니 그때의 기분은 우주라도 싸안을 수 있을 것만 같았다.

무엇이건 할 수 있을 것 같았고 불가능한 일이 없을 것 같았다.

늘 기난했지만 나는 한번도 그것 때문에 풀이 죽어본 적이 없었다.

내게는 무엇보다도 값진 젊음이 있었고,

그 젊음의 상표나 다름없는 원대한 꿈이 가슴을 가득 채우고 있었다.

도대체 풀이 죽을 이유가 없었다.

열심히 배워서 남 주고, 부지런히 일해서 남 주자.

남에게 기꺼이 주고 베풀기 위해, 젊은이여!

지금은 열심히 공부하고 부지런히 일하자.

내일 줄 수 있기 위해, 오늘은 배우고 준비할 때이다.

젊음이 값진 것은 젊음이 지니고 있는 도전과 모험심 때문이다.

젊은이는 새로운 것에 대한 도전과 불가능한 것에 대한 모험으로
늘 가슴이 뜨거운 사람이다. 그 도전과 모험심이 젊음을 보장해준다.

젊은이는 실패를 두려워하지 않는다.

실패를 두려워하거나 현실에 안주하려는 사람은

이미 젊은이의 자격이 없다. 나이가 문제가 아니다.

젊은이의 삶의 방식대로 살고 있다면

그 사람은 나이와는 상관없이 젊은이일 뿐이다.

젊은이는 미래를 창조하는 사람이다.

미래를 창조하기 위해서 도전하고 모험을 거는 사람이다.

그는 뒤돌아볼 곳이 없기 때문에 앞만 바라보고,

내려갈 곳이 없기 때문에 위만 생각하며,

잃어버릴 것이 없기 때문에 불안해할 필요가 없다.

젊기 때문에 그는 항상 위험을 무릅쓰고 항상 활기에 넘쳐 있다.

그는 안전이나 현상유지를 몸에 익히지 않은 사람이다.

그가 안전을 위해서 모험을 삼가고 현상유지를 위해서

도전을 꺼릴 때, '나이와는 상관없이' 그는 이미

젊음을 잃어가고 있다고 보아도 틀림이 없다.

젊은이는 가능성의 존재이다.
젊음은 가능성 그 자체이다.
그러나 가능성에 도취하기에 앞서
자기 철학을 확립하는 것이 무엇보다 중요하다.

오늘에다 미래를 몽땅 거는 것은 위험한 도박이나 마찬가지이다.
오히려 현명한 사람이라면 마음속에 스스로의 미래상을
설정한 다음, 그 미래상에 걸맞는 직장을 선택할 것이다.

정확한 판단을 내릴 수 있도록 도와주는 많은 조언자를 갖기 바란다.
유익한 조언자를 군이 멀리서 구할 필요는 없다. 세상살이를 하면서
깨친 바를 아낌없이 나누어주시고 사랑을 베풀어주시는 부모님과
선생님, 그리고 형제, 친구, 선배 모두가 여러분의 조언자가 될 수 있다.
그들과 가슴을 열고 대화를 나누면 그것으로 충분하다.

대체로 생의 길잡이가 되는 말들은 매우 평범하여 말 자체로써
그 값진 의미를 찾기는 힘들다. 또한 세대에 공통되는 진리의 성격을
띤 교훈일수록 듣는 이에겐 재미가 덜하다. 하지만 그 교훈들이
인생의 여정에서 중요한 판단의 근거로 나타날 때 사람들은
그 말들이 얼마나 소중한 것인지를 깨닫게 된다.

젊은 세대에게 창의성을 요청하는 것은, 젊은 세대에게는 주어진 현실을 개선해야 할 의무가 주어져 있다고 믿기 때문이다.

우리가 살아야 할 인생은 잘 닦인 포장도로가 아니다. 장미꽃만 화려하게 피어 있는 아름다운 꽃밭도 아니다. 혹시 장미꽃이 피어 있을지 모르지만, 그렇다 하더라도 그 장미에는 날카로운 가시가 달려 있다. 장미꽃에만 눈이 팔려서 그 줄기의 가시를 보지 못한 채 정신을 놓아서는 안 되는 것이다. 그러나 인생의 길가에 피어 있는 저 장미꽃에 유혹되어 인생을 얕잡아보는 일이 어리석은 것처럼, 거기 달려 있는 가시를 지나치게 두려워하는 것 또한 마찬가지이다.

젊음은 실패할 권리가 있다. 시키는 일만 고분고분 잘 하는 사람은 실수할 염려는 없을지 몰라도 큰일을 못한다. 도대체 실패도 한번 못해본 사람이 어떻게 큰일을 맡아 할 수 있겠는가?

어려움을 두려워하지 말아야 한다.

그것을 두려워하는 사람은 인생의 낙오자가 되고,

그에 도전하여 이겨내는 사람만이 승리자가 된다.

대부분의 승리한 사람들은 자기의 승리가

저 화려하고 아름다운 장미꽃 덕택이아니라

바로 그 역경과 고난의 가시 덕택이었음을

기꺼이 고백한다.

모험이 없는 성공이란 불가능하다.
도전이 없는 성취란 없다.
혹시 그 모험과 도전이 실패할지도 모른다.
그러나 실패가 두려워 아무것도 시도하지 않는
사람보다는 그것을 무릅쓰고 도전하고
행동하는 사람이 더 지혜롭다.

자식이 잘되기를 바라지 않는 부모가 어디 있을까?
그러나 자식의 장래를 진정으로 염려하는 현명한 부모라면
계산된 행동이 뒤따라야 되는 법이다. 자식의 장래를 위해
때에 따라서는 사랑을 아낄 줄도 알아야 한다.

맹목적인 사랑의 홍수에 자식을 익사시키는 것은
진정한 사랑이 아니다. 계산하지 않고 쏟아붓는 부모들의
분별없는 사랑, 언제까지나 부모에게 의존하게 만드는 과잉보호가
실은 자식을 나약하게 만들어 아이들에게서 세상 살아갈
힘을 빼앗는 결과가 되는 것이다.

계산된 사랑이란, 지금 당장은 가슴이 아플지 모르나
자식의 앞날을 위해 필요할 때는 망설이지 않고
매를 드는 행위와 같은 것이다. 사람은 때가 되면 홀로 서야 한다.
언제까지나 부모의 품 안에 있을 수만은 없는 일이다.

새장의 새는 편안하다. 스스로 먹이를 찾으러 다니지 않아도 되고
추위 걱정을 할 필요도 없다. 생명의 위협도 느끼지 않는다.
그러나 아무도 새장에 갇힌 새를 부러워하지 않는다.
비록 스스로 먹이를 찾아다녀야 하고 깃들 곳도 마련해야 하며
더러는 생명의 위협도 감수해야 하지만,
저 드넓고 푸른 하늘을 누비며 마음껏 날아다니는
자유를 포기하려 해서는 안 된다. 새장 속에 갇힌
안락 대신에 새장 밖의 모험과 자유를 즐겨야 한다.

MAY 4, 1992

FORTUNE

INTERNATIONAL

KOREA

Its Giant Companies Are Roaring Ahead Despite New Challen

Daewoo Chairman
Kim Woo-Choong
is leading the charge.

이 넓은 세상을 마음껏 헤집고 다녀야 한다.
위기를 희망으로 뒤집는 일, 역경과 어려움 앞에서
무릎 꿇지 않고 도전의 힘찬 발걸음을 내딛는 일,
그것은 젊은이의 특권이면서 동시에 마땅히
해내야 할 의무이기도 하다.

과거에는 그저 후대에게 선진 한국을 물려주기 위해 우리 세대가
열심히 노력해야 한다고 생각했다. 그런데 지금은 그들이
우리 세대의 노력을 기억해주었으면 하는 마음이 든다.
세월이 사람을 이렇게 이기적으로 변화시키는 것 같다.
요즘 세대들은 가난이 무엇을 의미하는지 모른다지만 과거에는
대다수 국민들에게 가난은 현실 그 자체였다. 그래서 그 가난을
극복하려고 하루가 24시간이란 게 억울할 만큼 일밖에 모르고
살았다. 하지만 아무리 각박해도 꿈조차 망각하는 일은 없었다.
그 꿈을 이루기 위해 더욱 노력한 결과가 오늘의 발전을 낳았다.

세계무대에 데뷔하려는 여러분이 준비해야 할 것이 한 가지 더 있다.
어느 경우든 한 사람쯤은 혼자서 쓰러뜨릴 수 있는 주먹을 가져야
한다는 것이다. 오해하지 말기 바란다. 나는 지금 뒷골목을 누비는
깡패가 되라고 말하고 있는 것이 아니다. 어떤 사람과 부딪쳐도
지지 않을 만한 두둑한 배짱, 어떤 경우에도 기가 꺾이지
않을 수 있는 자신감을 갖추라는 말이다.

우리는 생존을 위해 해외로 뛰어들어야 했다.

우리나라는 땅이 비좁은데다가 다른 나라처럼

농수산물이 풍부하지도 않고 부존자원도 별로 없다.

한마디로 말해 아무것도 없는 조그만 땅덩어리에 모여 사는

많은 식구를 먹여 살리기 위해서는 해외로 나가지 않으면

안 되었던 것이다. 그러나 지금은 우리가 해외로

눈길을 돌리는 까닭이 거기에만 있는 것은 아니다.

이젠 세계가 우리를 부른다. 우리는 세계의 한가운데로 나아가

세계의 주역, 세계화 시대의 주역으로서

이제 무대의 한가운데 서게 될 것이다.

여러분은 글로벌 시대의 주역으로서의 소양을 갖춰야 한다.

무엇보다도 시대에 맞는 가치관을 정립해야 한다.

더 넓게, 더 멀리 보아야 한다. 새로운 변화를 받아들일 수 있는

너그럽고 적극적인 자세가 필요하다. 또 실력을 길러야 한다.

여러분의 경쟁자는 한 반의 친구가 아니다.

눈을 크게 뜨자. 지금 바다 건너 일본이나 미국이나 중국에서는

여러분과 같은 젊은이들이 세계무대의 주인공이 되려는

야망을 품고 밤을 새우며 책을 읽고 컴퓨터를 두드리고 있다는

사실을 알아야 한다. 보이지 않는 그들이야말로

여러분의 진정한 경쟁자이다.

젊은 시절은 인생의 기초를 닦고 다지는 시기이다.

이 시기에 기초를 제대로 갖추는 사람은

그 인생이 튼튼하고 풍성하고 빛날 것이다.

반대로 당장의 즐거움에 빠져서 기초를 허술하게 갖추는

사람의 인생은 모래 위에 짓는 집과 같아서

늘 아슬아슬할 것이다.

젊은이들은 '나' 중심의 좁은 사고방식에서 벗어나서
'우리' 중심의 넓은 사고체계를 세워야 한다. '나' 중심의 사고는
차이를 차별로 떨어뜨린다. 그러나 '우리' 중심의 사고는 차이를
개성으로 끌어올린다. '나' 중심의 사고는 이기주의에 갇혀 있다.

따라서 다른 사람과 다투거나 갈등을 겪기 일쑤이다.

그러나 '우리' 중심의 사고는 이타주의를 향해서 열려 있다.

따라서 다른 사람과는 늘 도움을 주고받는 관계가 된다.

여행은 새로운 세계와 만나는 일이다.

새로운 세계와 만나 인식의 지평을 넓히는 데 여행의 참뜻이 있다.

여행을 떠날 때는 항상 주의력을 집중해서 관찰해야 한다.

눈앞에 나타나는 새로운 세계를

꼼꼼하고 자상하게 읽어야 한다. 어디를 가든지

그곳이 다른 곳과 어떻게 다른지를 살피는 것이 좋다.

그 고장의 특성을 이해하도록 하라.

수박 겉핥기식으로 또는 주마간산走馬看山식으로

겉모양만 슬쩍 보고 오지 말고, 그 고장을 속속들이

살펴보도록 하라. 호기심이야말로 여행을 떠날 때 빼놓으면

안 되는 필수적인 지참물이다. 어디든 여행할 만한 가치가 없는

고장은 없다. 그러나 역사적인 의미가 있는 곳,

사람의 마음을 고양시키는 문화적 향기가 배어 있는 곳을

찾아가면 더욱 좋으리라.

친구를 잘 사귀는 것도 사회라는 책을 읽는 데 있어
여행을 하는 것만큼 중요하다. 물론 좋은 친구라야 한다.
폭넓은 교우관계는 큰 재산이다. 사회생활을 하는 데 있어 폭넓고
다양한 교우관계를 맺고 있으면 반드시 크게 도움이 된다.
지금 내가 사귀고 있는 저 친구들이 장차 어떤 인물이
될지 아무도 모른다.

우리는 직접적으로 체험하지 못하는 세계를 인정해야 한다.
그리고 그런 세계에 대한 지식은 독서라는 간접경험의 방식을 통해
얻어야 한다. 책을 읽는 것은 친구를 사귀는 이치와 같다.
되도록 여러 방면에 있는 많은 친구를 사귀어야 하듯이
독서도 다방면의 책들을 많이 읽을수록 좋다.

선행은 당사자가 아니면 다른 사람을 통해서라도

반드시 보답을 받게 되어 있다.

그것이 삶의 법칙이다.

남을 위해 선행을 베푸는 것은

결국 스스로를 위한 것이기도 하다.

더불어 잘살고자 하는 공생의 원리가 적용되어야 한다.

어느 한쪽이 터무니없이 많은 이익을 보고 다른 한쪽이

피해를 보게 되면 그 관계는 머지않아 깨지기 십상이다.

아무것도 도와주지 못할 정도로 '아무것도 아닌' 사람은 없다.
반대로 누구의 도움도 필요하지 않을 정도로
완벽한 사람도 없다. 사람은 서로 도우며 살도록 되어 있다.
인간관계가 중요한 까닭이 여기에 있다.

일 벌이기를 좋아하는 젊은이를 나는 좋아한다.
그가 내 모습을 닮았기 때문이기도 하지만 그보다
더 중요한 것은 그런 젊은이만이 역사와 세계의
새로운 지평을 열 수 있다고 믿기 때문이다.

내가 좋아한다고 말한 젊은이는 일을 벌이기를 좋아할 뿐만 아니라,
벌여놓은 일에 힘차게 달려들어 몰두할 줄 아는 젊은이다.
그는 전혀 아무 일도 벌일 생각을 않고 있는 다른 사람들에 비해
일을 많이 벌이기 때문에 실패를 조금 더 할는지 모른다.
그러나 그들이 한두 번 실패를 경험했다고 해서 쉽게
좌절하리라고는 생각지 않는다. 실패는 아무런 문제가 아니다.
전혀 두려워할 필요가 없다. 실패가 두려워서 일을 벌이지 못하는
사람은 마치 구더기가 무서워서 장을 담그지 못하는 사람과 같다.
그런 사람은 1년 내내 장맛을 볼 수가 없을 테고, 평생 동안
성취의 기쁨을 맛볼 수 없을 것이다.

언어야 할 것, 성취해야 할 미래의 것들을 생각하는 대신에
잃어버릴 것, 실패할 것들을 미리부터 걱정하고 몸을 사리는 것은
결코 젊은 사람의 태도가 아니다.
안주하려는 생각, 안락한 생활을 유지하는 것으로 만족하려는
안이한 생각, 그것이야말로 몰락의 징조임을 알아야 한다.

'이만하면 됐어'라고 만족할 수 있는 순간이 우리에겐 없다.
목표를 달성했다고 자족하는 순간이 가장 위험하다.
만일에 목표가 달성되었다면 그 목표를 뛰어넘는 또 다른 목표를
세워야 한다. 목표는 항상 '아직 이르지 못한' 높이에 두어야 한다.

게으름은 젊음이 사라져버리는 신호이다.

게으름은 권태를 낳고 권태는 활동을 정지시킨다.

활동하지 않는 것, 또는 활동을 꺼리는 상태야말로

참으로 경계할 상태이다.

도전과 모험심으로 충만한 젊음이

활기차게 움직이지 않는 개인이나 기업, 집단이나 나라는

희망이 없으며 죽은 것이나 마찬가지다.

희망은 죽음의 몫이 아니다.

희망은 생명의 것이고 젊은이의 것이다.

그러므로 젊음을 잃었을 때,

그 사람이나 기업 또는 그 집단이나 나라에 대해

우리가 준비해야 할 것은 조사弔辭밖에 없다.

안주하는 것은 패배를 뜻한다. 이만하면 되었다고 하는
적당주의는 젊은이라면 단호히 거부해야 할 유혹이다.
그것은 젊은이다운 행동양식이 아니다. 힘을 내라.
언제나 새로 시작하는 기분으로 도전하라.
목표를 항상 '아직 이르지 못한' 데 세우고 젊은 사람답게
활기차게 뛰어가라. 미래는 여러분이 열어야 한다.
우리에게 어떤 미래를 열어줄 것인가는
오로지 젊은 여러분의 손에 달려 있다.

외형에서 나오는 멋은 경박하다. 그러나 충실한 내면으로부터

풍기는 멋은 장중하다. 외형에서 나오는 멋은 일시적이다.

그러나 충실한 내면으로부터 은근히 풍기는 멋은 영원하다.

빈수레가 요란한 법이다. 꽉 찬 수레는 소리를 내지 않는다.

그럴 필요가 없기 때문이다.

사람의 마음을 움직이는 더 큰 힘은 말이 아니라 행동이다.

말로 설득하다가 실패할 수는 있지만 실천을 통해 설득하면

실패하지 않는다. 나는 말이 실천으로 나타나지 않는 사람을

믿지 않는다. 누군가에게 믿음을 주고 싶거든 듣기 좋은 말을

늘어놓기보다는 진실하고 확신에 찬 행동을 보여주라.

행동으로 말하라. 외형보다 내실을 추구한다는 것은 또한

실력을 쌓는다는 것을 의미한다. 이 세상에 필요한 사람은 폼을 잡는

사람이 아니라 실력이 있는 사람이다. 실력이 있는 사람은 허세를

부리지 않아도 사람들의 환영을 받지만 실력이 없는 사람은

아무리 허풍을 떨어봤자 사람들이 믿지 않을 것이다.

폼에서 나오는 멋은 일시적이고,

충실한 내면으로부터 나오는 멋만이 영원하다.

젊은 시절은 바로 내면을 충실하게 채우는

일에 바쳐져야 한다.

실력을 키워야 한다.

젊은 시절에는 왕성하게 지식을 탐해야 한다.

풍부한 교양과 넓은 안목, 그리고 깊이 있는 전문지식을 배양해야

한다. 겉멋에 빠져 시간을 탕진하기에는 젊은 시절이 너무 짧다.

오늘 1분의 즐거움을 위해서 시간을 낭비하는 사람은

내일 한 시간의 한숨을 예비하는 사람이다.

할 수 있으면 낙관적으로 생각하는 게 좋다.

할 수만 있다면 무슨 일이든 낙관에서 출발해야 한다.

나는 한국의 장래에 대해서도 매우 낙관하는 사람이다.

내가 살아온 경험에 비춰볼 때 한국은

놀랄 만한 속도로 발전하고 있다.

또한 우리의 뒤를 이을 젊은이들을 볼 때

그들은 우리보다 얼마나 잘 생겼는가!

나는 청년들에게 이렇게 당부했다.

"나는 개발도상국 대한민국의 마지막 세대가 될 터이니,

여러분은 선진 대한민국의 첫 세대가 되어주십시오."

THE HARDEST WORKER IN SOUTH KOREA

hing around the world, the Daewoo Group's founder sleeps
irplane aisles, never takes a vacation, and sometimes wor-
bankers with the risks he takes. ■ *by Louis Kraar*

MOST SOUTH KOREANS work so
hard these days that they make
the Japanese seem lazy, and prob-
ably none works harder than Kim
Choong, 47, founder and chairman of
aewoo Group. Kim exhorts his 30,000
oyees to "sacrifice yourselves for the
generation." He sets an example, work-
even days a week, often 15 hours at a
:h, and he never takes a vacation. In just
ears Kim has transformed a small trad-
m into a conglomerate that is No. 62 on
UNE's directory of the 500 largest in-
al corporations outside the U.S. (page
Daewoo Group had sales last year of
billion and exports of over $2.5 billion,
nting for more than 10% of Korea's to-
sports. The group is made up of Kim's
ip company, Daewoo Corp. (1983 reve-
-$4.25 billion), and 24 principal manu-
ing and financial affiliates.
en by his demanding standards, Kim
ad a hectic few months. In June he
d a deal with General Motors, his part-
t several years in Daewoo Motor Co.,
tomaking joint venture, to build a new
that will export subcompacts to the
Os Korea's Koje Island, Kim delivered
f of schedule the first of a dozen con-
vessels that Daewoo's mammoth ship-
s building for U.S. Lines. Kim personal-
de that $570-million sale—the largest
sconstruct for ships in U.S. history. An-
Daewoo began turning out
for Caterpillar in an arrange-

In Stockholm in June, Sweden's King Carl
XVI hung around Kim's neck an ornate gold
medal—an International Chamber of Com-
merce award given every three years to an
entrepreneur. And in July Kim flew to Libya
to check on Daewoo's $2 billion in con-
struction projects for Colonel Qaddafi's
unpredictable government. A hardened risk-
taker in such forbidding markets as Iran and
Nigeria, Kim says, "I like to work in the jun-
gles and deserts because of the possibilities
of high profits. If we're successful half the
time, we make money."

The professorial-looking chairman is away
from Daewoo's Seoul headquarters more
than half the time. At home he gets by on five
hours of sleep a night, but on the road he
sometimes gets a bit more, preferably
stretched out on the floor in an airplane's
first-class section. His constant travel, Kim
says, gives him "the feel and smell" of haz-
ards and opportunities. Sniffing around
France in 1981 convinced Kim that the So-
cialist party would come to power and the
franc would slump against the U.S. dollar. In
hopes of paying back dear francs with cheap
ones, Daewoo quickly borrowed francs; the
franc, then 5.44 to the dollar, is now worth
about a third less. With firsthand informa-
tion, Kim says, "I can operate."

Kim is the youngest and only college-
educated founder of a *chaebol*, as the Kore-
ans call conglomerates. Daewoo is among a
handful of such Korean business groups in
founded companies that have grown into

Daewoo's man in Paris *chats with the big boss, Kim* Wo

Japan, but Kim's only special clout is that the
Korean government likes to back winners.

Kim spurns the common Korean practice
of using his *chaebol* to build a super-rich fam-
ily dynasty. He figures that is social dynamite
in a nation where the annual per capita in-
come is still only about $2,000. With charac-
teristic bravado, Kim claims, "I don't care
much about moneymaking for myself be-
cause I could do that anytime." Most of his
assets—over $52 million—have gone into
Daewoo foundations for scholarships and
hospitals, but Kim doesn't control them. His
family owns no shares in Daewoo Corp. or
its affiliated companies. Even his wardrobe
modest: a few dark suits he buys in season.

...ped by Paris on a trip to Libya, where Daewoo has $2 billion in construction projects.

gressive high roller, and so do some bankers, who worry about the risks he takes in volatile Third World countries. Westerners wonder how long Daewoo's hard-pushed employees will be willing to keep going on patriotism, Confucianism, and an annual vacation of one long weekend.

HARD TIMES during the Korean war made Kim start chasing money as a teenager. His father, an educator, was killed by the North Koreans. Young Kim, his mother, sister, and a brother fled Seoul atop a railroad car, heading south for Taegu, the family's hometown. They had a house there, but no cash. Kim sold newspapers and guided other war refugees for tips. "If I earned enough," he recalls, "we had food that day." When the war receded, Kim passed the stiff entrance exam at the elite Kyunggi High School in Seoul. He became a student leader, making friends who would be his most vital business contacts.

Kim joined Hansung, a trading firm, after getting a degree in economics at Yonsei University on a scholarship from the company. He caught on fast to the intricacies of importing yarn and cloth, then in short supply. Big profits depended on getting speedy import approvals from the central bank, where Kim found many school friends working and eager to help him. But the time it took for the bank's typists to fill in forms was a bottleneck. Kim cultivated the secretaries. He studied newspaper columns on fashions to have something to discuss with the shy young women over tea. "We got to be very friendly," he recalls. Hansung got its forms filled out and its goods to market fast.

At 26 Kim started Korea's first significant textile export business by grabbing an unforeseen opportunity. He set out to meet his Korean fiancée—not Heeja—in London, but en route traveled around Southeast Asia because his ticket allowed free stopovers. In Hong Kong and Saigon he picked up samples of the kinds of cloth that were most in demand around Asia. Kim calculated that Korean factories, which then manufactured only for the home market, could make the same cloth more cheaply. By the time Kim reached Singapore, he admits, "I told buyers the samples were ours and started selling." With $300,000 in orders, Kim headed home. "I...

ntal art history at Harvard, has a ...her own doing social work and ...ctive chairwoman of Dongwoo ...t Co., a Daewoo subsidiary that ...w Seoul Hilton hotel. She pre... ...for the business assignment at ...vanced management course at ...rsity two years ago, ...musely on a highly professional ...corps to oversee Daewoo. By ...ards he pays his executives and ... He professes to delegate de... ...ing "as a model." Kim, in fact, ...ll figure in Daewoo. The com... ...nied guards give him almost ... Executive often refuses to...

American universities work for Daewoo at about one-third the salaries they were getting in the U.S. before Kim recruited them. "The chairman appeals to patriotism and Confucianism," says Park Sung-Kyou, 45, who left Schlumberger to help Kim get into electronics. Daewoo's Western partners also come under the master's spell. Albert Bachand, a GM manager who is executive vice president of Daewoo Motor, says, "Everyone gets the Kim fever. He can promote almost...

...few personal sharp... ...Seoul apart...

마지막 소원이 있다면 역시 한 가지뿐이다.
더 많은 젊은이들이 세계를 누비며
우리 세대보다 더 큰 꿈을
이루어나가기를 기대한다.

2
창조

창조적인 소수는 역사를 전진시킨다

창조적인 소수가 제 구실을 하지 않으면 그 사회와
역사는 발전할 수 없다. 창조적인 소수는 비창조적인
다수의 대중들을 변화시키고 역사를 전진시켜야 한다.
그런 일을 하지 못하면 그 사회와 문명은 끝장이다.
그들이 창조적 능력을 역사와 문명의 발전을 위해 쓰지 않고
자기만족에 안주하여 하나의 '지배적 소수'로 변질될 때
사회는 어쩔 수 없이 몰락을 향해 간다.
지도층이 타락하여 쾌락주의와 안일주의에 빠지면
창조적 영감과 도전의 자세는 사라지고 만다.

'창조적 소수'는 어떠해야 하는가?

창조적 인물이 되기 위해 우리는 어떻게 살아야 하는가?

창조적인 사람은 기회주의나 방관주의에 물들어선 안 된다.

더욱이 패배주의 따위에 빠져 있어서도 안 된다.

제 몸 하나밖에 생각할 줄 모르는

졸장부 또한 창조적 소수의 자격이 없다.

적어도 이 나라와 민족의 역사를 위해,

그리고 더 나아가 인류의 역사를 위해

무엇을 하며 어떻게 이바지할 것인가를

진지하게 설계하는 넓은 시야를 가져야 하다.

창조적 소수는 긍정적이다.

그들은 불안과 절망의 한가운데로

희망과 낙관의 횃불을 치켜드는 사람들이다.

창조적 소수는 역사의 진보를 믿는다.

역사의 수레바퀴는 소수의 창조적 인물들에 의해

진보와 발전의 가속도를 얻는다.

지혜로운 사람의 발걸음은 미래를 향하되 눈은 과거를 본다.

만약 책 한 권을 사서 봤다고 칩시다.

같은 책을 가지고, 고등학교 때 읽은 것이나 대학교 때 읽은 것이나

그리고 대학을 졸업하고 나서 읽고

사회생활 5년 하고 읽고,

또 10년 하고 읽고, 또 15년, 20년 돼서 읽고 해서

이렇게 한 20번을 읽는다고 하면, 읽을 때마다

그 책에서 나오는 내용이 각각 다 다를 것입니다.

무슨 말이냐 하면, 살 때 한 번 읽고

그것을 자기가 다 잡았다고 생각하고 그 책을 버리면,

그 책이 가지고 있는 20가지 이상의 좋은 점을

다 찾아내지 못한다는 것입니다. 그것과 마찬가지입니다.

학자는 계속해서 공부를 해야 학자가 되고,

또 모든 사람들이 자기 일을 집중적으로 해야만

거기에 도통하고 전문가가 되는 것입니다.

1984년 2월 27일. 관훈토론회.

사람은 평생 배워야 합니다.

장시꾼도 자기 분야만 알아서는 안 됩니다.

모든 분야를 커버할 수 있어야 합니다.

옛날과 달라서 지금은 장사를 초월한 곳에서

사업이 이루어집니다.

1985년 1월 16일. 신입사원과의 대화.

사람마다 자기가 어느 정도 되겠다는 생각은 다 하지 않습니까?

거기에 도달하지 못하고 가는 사람들이 많은데,

지금 와서 가만히 돌이켜보면 나는 정말 생각했던 것보다

빨리 성공했습니다. 복잡하게 생각할 것 없이,

그건 열심히 일한 결과입니다.

1994년 4월 2일. 문화사랑동우회 초청 강연.

우리 회사는 전통적으로 일을 시키지 않습니다. 자기 스스로가 하도록 만듭니다. 그러다 보니까 입사하고 나서 한 3, 4년 지난 사원들에게 "회사에 들어와서 무엇이 제일 큰 고통이었느냐?" 하고 물어보면 시키지도 않고 가르쳐주지도 않으니까 신입사원 입장에서 함부로 움직일 수도 없고, 마치 회사에 나와 벌받는 것 같았다고 말합니다. 아마 한두 달은 이런 식으로 고생하는 모양이에요. 그러다가 아, 이러면 안 되겠다 싶어서 자기가 찾아서 일을 시작하고 이렇게 해서 적응해 나가기 시작합니다.

대우에서는 이처럼 누가 시켜서 일을 하는 것을 원치 않습니다. 자기 스스로가 깨우쳐서 새로운 것을 성취하고자 도전하기 위해 남보다 더 열심히 일하는 것이 맞습니다.

1991년 7월 23일. 신입사원과의 대화.

나는 항상 직원들한테 일하는 만큼 자기 자신이 발전한다고
얘기합니다. 열심히 일하는 사람은 그만큼 일하는 양이 많으니까
더 많이 배우게 되는 것입니다. 사람이 살아가는 데에는 여러 가지
방식이 있습니다. 지도자가 되고 싶다, 어떤 꿈을 가지고 이상을
실현하고 싶다, 이렇게 뜻을 가지고 살아가는 사람도 있고, 편안하게
살고 싶다, 평범하게 살고 싶다 하는 사람도 있습니다.
각자가 사는 방법이 다르다는 것입니다.
사회라는 것은 그런 사람들이 섞여 있어야 조화롭습니다.
예를 들어서 100이면 100 전부 다 사장이 되겠다고 하면
싸움밖에 안 날 겁니다. 각자의 방식에 따라
회사도 조화롭게 구성되어 유지해 나가는 것입니다.

1991년 7월 23일. 신입사원과의 대화.

잘못을 할 수 있는 사람이 잘할 수도 있는 사람이라고
저는 봅니다. 잘못도 하지 않고, 잘하지도 않는 사람이 제일
관리하기 어렵습니다. 과거에는 일을 저질러 회사에
피해를 주더라도 많이 용서해주었습니다. 내가 볼 때 일은
스스로 알아서 해야지 제도로 통제하는 것은 좋지 않다고 봅니다.
물론 회사가 커지고 조직이 커지면 시스템과 제도가 중요해지지만,
아직까지는 일에 대한 재미, 흥미가 더 중요한 시점입니다.
스스로 하려고 마음먹느냐의 문제인 것입니다.
사람은 엄청난 능력을 가지고 있지만 그것을 제대로 쓰지 않습니다.
열심히 노력하면 보통 사람도 큰 능력을 발휘할 수 있습니다.
열심히 하면 안 되는 일이 무엇이 있겠습니까? 노사문제도
여러분이 진심으로 노력하면, 해결 안 될 문제가 무엇이 있겠어요.

내가 옥포에 있을 때 이야기 하나 하겠습니다. 결혼한 직원이 나를 집으로 식사 초대를 했습니다. 그래서 아침에 집을 찾아가 식사를 같이 한 적이 있습니다. 그게 소문이 나더니 직원들이 서로 초청을 하겠다고 합니다. 그래서 1년 반 동안 300이 넘는 직원 가정에 초대를 받아서 식사를 같이 했습니다. 노사관계가 격렬하다는 대우조선에서도 이런 일이 있었습니다.

여러분도 마찬가지라고 봅니다. 여러분이 나서서 설득하고 노력하면 무슨 문제가 생기겠느냐 이겁니다. 몇몇 문제 있는 사람도 있겠지만, 대다수의 직원은 순진하고 착하기 그지없습니다. 방법은 1천 가지, 1만 가지가 있습니다. 우리가 안 하고 있을 뿐이지 안 되는 일은 없습니다.

1998년 2월 15일. 쌍용자동차 Family Training 부·과장 교육, 회장과의 대화.

인간의 능력과 힘은 하고자 하는 의지만 있으면
얼마든지 더 큰일을 할 수 있습니다.

1996년 3월 31일. 세계경영 국제 대토론회.

내가 특별히 우수하다든가 재주가 있어서 인정받은 건 아닐 것이다.
모든 사람이 다 할 수 있는 일이다. 다만 얼마만큼 열심히 집중적으로
문제점들을 파악해가면서 노력하느냐가 중요하다고 본다. 어떤
사람이든 자기 능력이 100이라면 대부분 20 정도밖에 쓰지 않는 것
같다. 일에 신들려 열심히 하려는 의지가 있다면 자기 능력의 50퍼센트
이상은 나오게 돼 있다. 또 어떤 일이든지 문제가 있으면 반드시
해결책도 있게 마련이다. 물론 가장 좋은 것은 문젯거리가 안 생기도록
미리 방지하는 것인데 이야말로 자기 능력을 가장 많이 발휘하는
길이다. 그다음은 문제가 생기더라도 아직 커지지 않았을 때 빨리
파악하는 것이다. 문제점이 있는데도 모르고 지나치는 것, 즉 사람이
고급화되고 게을러져서 아예 파악도 못하는 것이 제일 좋지 않다.

1985년 4월 15일. 《세계저널》 인터뷰.

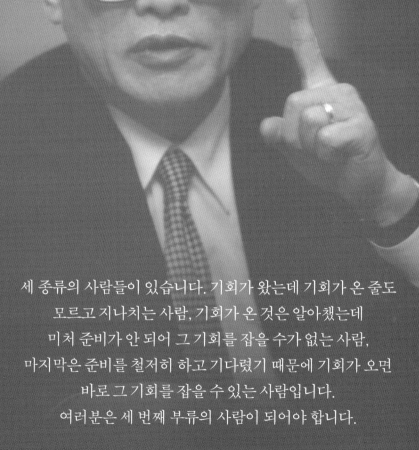

세 종류의 사람들이 있습니다. 기회가 왔는데 기회가 온 줄도
모르고 지나치는 사람, 기회가 온 것은 알아챘는데
미처 준비가 안 되어 그 기회를 잡을 수가 없는 사람,
마지막은 준비를 철저히 하고 기다렸기 때문에 기회가 오면
바로 그 기회를 잡을 수 있는 사람입니다.
여러분은 세 번째 부류의 사람이 되어야 합니다.

2016년 10월 11일, GYBM 연수생과의 대화.

노력하면 얻게 되는 또 한 가지 이점은 그것이 기회를 창출해준다는 것입니다. 누구에게나 항상 기회는 주어져 있지만 사람들은 그 기회를 잡을 준비를 미처 하지 못했기 때문에 자신도 모르게 기회를 흘려보내고 있는 것입니다. 따라서 노력하는 사람, 스스로 열심히 해서 기회가 온 것을 알아차리는 사람만이 그 기회를 향유할 수 있게 됩니다. 노력하면 미래도 볼 수 있습니다. 나는 모든 계산을 다 해봅니다. 그리고 결국 될 수 있는 방법을 찾아내면 최선을 다해 그 방향으로 나갔습니다. 이것이 미래를 예측하는 비결이며 어느 면에서 이것은 미래를 창조하는 것이기도 합니다. 나는 인간의 능력이 무한하다고 믿습니다. 무엇이든지 열심히 하면 미래도 알 수 있고 기회도 잡을 수 있으며 모든 것을 이룩할 수 있습니다.

1992년 9월 18일. 일본 게이오 대학교 학생들과의 대화.

열심히 일하다 보면 아이디어가 나오는 거지,

머리가 쉬고 있으면 절대로 기발한 아이디어가 나오지 않습니다.

어떤 사람은 "산에 가서 아이디어를 얻었다,

바다를 보고 있으니까 아이디어가 척 걸렸다"

그러는데, 제 경험에 의하면 몸은 쉬고 있어도

머리가 일을 하고 있었기 때문에 아이디어가 떠오른 것이지,

머리가 돌아가지 않는 상태에서는 절대로 아이디어가 안 나옵니다.

좋은 아이디어를 얻기 위해서라도

우리는 열심히 살아야 합니다.

1994년 2월 5일. 내무부 공무원 연수 초청 특강.

비즈니스란 과거에서 지금으로 이어지는 과정이 아니라,

현재에서 미래로 이어지는 과정이다.

그러니 잘 되는 것에 연연하기보다는

잘 될 것을 찾으려고 노력해야 한다.

|

그들이 불가능한 계산을 하고 있을 때

나는 가능한 계산에서 출발한다.

|

'안 될지도 모른다' '실패하면 어떻게 하지' 투의 걱정이 앞서는

사람은 큰 사업가로서는 제격이 아니다. 사업가는 1퍼센트의

가능성만 있으면 이 가능성을 불쏘시개로 삼을 줄 알아야 한다.

사업은 하나에 하나를 더해서 둘을 만드는 것이 아니라,

하나가 열이 되고, 열이 다시 백이 되는

오묘한 계산이 가능한 세계다.

흔히 "기업 하는 사람의 목표는 이윤 추구다"라고 하지만
기업의 목표는 이윤이 전부일 수는 없습니다. 오히려 이윤은
기업가의 창조·도전에 대한 대가일 뿐입니다.

1987년 11월 5일. 대한교육연합회 연구대회 특강.

겉모양에 어울리는 내용이 채워져 있을 때 우리는
명실상부名實相符하다고 한다. 큰 키만큼 큰 뜻을 가져야 하고
늘어난 몸무게만큼 포용력도 넓어져야 한다. 그래야 명실상부하다.
겉과 속이 똑같이 우람해지기 위해서 이제 나는 생활인으로서의
철학을 가질 것을 권한다. 철학이라고 하면 굉장히
어려운 것으로 받아들이는 경향이 있다.
그러나 생활인의 철학은 생각만큼 어렵지 않다.
무슨 일에든 뚜렷한 주관을 갖되 그 주관이 사회의 발전에
보탬만 될 수 있다면 그것으로 충분하다.

세상살이에 준거가 되는 뚜렷한 가치관을 가져야 한다.
돈을 벌고 쓰는 데 확고한 기준을 세워야 한다.
나라를 사랑하는 국민으로서 지녀야 할 마음가짐을 늘 생각해야
한다. 이런 것들을 제대로 갖추게 된다면 생활인으로서 무슨 일을
해도 큰 잘못을 저지르진 않을 것이다.

인생은 판단의 연속으로 이루어진다.

수없이 이어지는 인생의 갈림길에서 단 한 번의 판단 미스만으로도

한 인생이 어처구니없는 실패의 나락으로 떨어져 버릴 수 있다.

어쩌면 우리는 인생의 성공이라는 궁극적 목표에 앞서

그것을 이루기 위한 가장 좋은 판단 기회를 마련하기 위해

사는지도 모른다.

성공하려면 우선 넓은 선택의 기회를 가질 수 있도록

노력해야 한다. 선택의 폭이 줄어들면 성공을 보장해줄 수 있는

판단의 기회도 그만큼 줄어들기 때문이다.

스스로 올바른 판단을 내릴 수 있는 힘을 길러야 한다.

아무리 좋은 기회가 주어지더라도

잘못된 판단을 내린다면 허사가 되어버리기 때문이다.

그렇다고 남이 그것을 대신할 수도 없다.

스스로 판단해야 한다.

여러분이 지금하고 있는 공부도 대체로

판단하는 능력을 기르는 데 그 목적이 있다고 볼 수 있다.

옳고 그름의 판단, 좋고 나쁨의 판단,

유익함과 해로움의 판단, 이런 것들은

결국 교육을 통해 그 능력이 길러지기 때문이다.

최선을 다해 사는 사람은 결코 시간을 낭비하지 않는다.
그리고 이런 사람의 행동에서는 결코 '적당주의'를
찾아볼 수 없다.

100미터 높이의 산을 마음대로 넘나드는 도사가 있다.

정말 신기하고 부러운 일이다. 언제 그와 같은 신통한 능력이

나타난 것일까? 벽만 바라보고 가만히 앉아 있는데 하늘이

'옛다!' 하고 통력을 던져준 것일까? 그 또한 처음에는 우리처럼

1미터밖에 뛰지 못했을 것이다. 그러나 100미터의 산을 뛰어넘기로

작정하고 날마다 조금씩 높여 가며 높이뛰기 연습을 했다.

오직 그것만을 위해 모든 시간을 투자했다.

어쩌면 자라나는 수숫대를 폴짝폴짝 뛰어넘으며

날마다 그 수숫대의 키만큼씩 높이뛰기 능력을 키워온 것인지도

모른다. 그렇게 해서 도사가 된 것이다.

말하자면 전문가가 된 것이다.

사람의 능력은 무한하다. 요는 그 잠재된 능력을 끄집어내어

사용하느냐, 사용하지 않느냐에 달려 있을 뿐이다.

도사와 범인의 차이도 따지고 보면 거기서 생긴다고 말해야 옳다.

원인 없는 결과가 어디 있겠으며, 과정 없는 성취가

어디 가능이나 한 이야기인가?

깊이 파고자 한다면 처음부터 넓게 파 들어갈 필요가 있다.

처음부터 겨우 삽이 들어갈 정도로 좁게 파게 되면 가장 깊이

파게 될 것 같지만, 조금만 있으면 한계에 부딪쳐 더는 삽질을

못하게 되고 만다. 자기가 파려고 하는 주변의 땅을 넓게 잡고

파 들어가야 한다. 그래야만 마음 놓고 원하는 깊이까지

삽질을 할 수가 있는 것이다.

창의적인 사람이 되어야 한다. 창의적인 사람이야말로
역사를 만들고 세계를 움직일 수 있기 때문이다.
창의성의 발현은 현상에 대한 질문에서부터 출발한다.
현재가 최선인가? 현재가 최고인가? 더 좋은 상품은
만들 수 없는가? 새로운 방법은 없는가? 이런 의문들은
곧잘 잠재한 창의력을 자극하기 마련이고
노력 끝에 만족할 만한 답을 가져오곤 하는 것이다.

어떤 작가에게서 펜을 들어야 만이 글이 나온다는 말을 들었다.

펜 끝에서 글이 나온다는 것이다.

그렇다. 글을 쓰고 있어야 좋은 아이디어가 떠오른다.

일에 흠뻑 빠져 있어야 창조적인 생각이 떠오르고

통찰력이 생기는 법이다. 천재가 99퍼센트를 노력에 의지하듯,

전문가가 되려는 사람 또한 남다른 노력을 경주해야 한다.

현대는 따로 보장된 권위라는 것이 사라진 시대이다.

오늘날의 권위는 전문가가 확보하고 있다.

자기만이 그 일을 할 수 있는 사람은 존경받고 권위를 인정받는다.

누구나 할 수 있는 일을 하는 사람은 점점 존경과 권위의 대열에서

멀어져 간다. 전문성, 그것이 전문가 시대의 가치 기준이다.

이 세상에는 소중한 것이 많이 있다.

재산이 그렇고, 직업이 그렇다.

그러나 그 무엇보다도 소중한 것을 우리는 알고 있다.

그것은 시간이다.

시간은 시위를 떠난 화살과 같다.

한 번 지나가면 돌아오는 법이 없다.

시간은 모든 것을 변하게 만들지만

우리는 그 시간을 붙잡을 수가 없다.

시간 앞에서는 장사가 따로 없다.

그런 점에서 시간만이 최후의 승리자이다.

'지금'이라고 말할 수 있는 순간은, 단 한 번뿐이다.
그 순간을 놓치면 다시는 그 시간을 돌이킬 수 없다.
우리가 '지금'이라고 말하는 순간 '지금'은 사라져버린다.
그것이 시간이다. 우리가 시간을 소중하게 여겨야 하는
까닭은 그 때문이다. 재산이나 직업보다 시간이 더 소중하다.
재산이나 직업은 나중에라도 다시 얻을 수 있는
길이 있지만 시간은 그럴 수가 없기 때문이다.

젊은 사람들은 젊기 때문에 자칫 시간의 소중함을 잊기 쉽다.

살아야 할 시간이 주체할 수 없도록 많이 남아 있다고,

까짓, 조금 헤프게 쓴다고 해서 표가 나겠느냐고

안이하게 생각할지도 모른다. 그러나 천만의 말씀이다.

시간을 화살에 비유한 것은 한 번 시위를 떠나면

다시 되돌아올 수 없다는 그 일회성을 강조하기 위해서이긴 하지만,

동시에 바로 그 화살만큼이나 빠르게 지나가고 만다는 사실을

나타내고자 함이다. 그래서 시간을 쏜살같이

빠르다고 하지 않는가?

시간을 함부로 쓰는 것은 돈을 함부로 쓰는 것보다 훨씬 나쁘다.

돈은 다시 벌 수 있지만 시간은 다시 벌 수 없기 때문이다.

시간을 파는 가게는 없다.

하루는 24시간이다. 이것은 누구에게나 공평하다.

차이는 그 24시간을 어떻게 사용하느냐에 달려 있다.

어떤 사람이 남보다 일 또는 공부를 세 배 더 한다면,

그 사람은 하루 동안 24시간이 아니라 72시간을 산 셈이 된다.

우리는 그 사람이 낭비해버린 시간의 양에 의해서가 아니라,

생산적인 일에 투자한 시간의 양에 의해

그 사람의 삶의 질을 판단해야 한다.

시간을 아껴야 한다. 시간은 한 번밖에 없다.

한 번밖에 없는 것은 소중한 법이다.

더욱이 젊을 때의 시간은 나이가 든 사람의 시간보다

서너 배의 값어치가 있다. 왜냐하면 젊은 시절에 시간을

어떻게 보내느냐가 그 사람의 나머지 삶의 질과 수준을

결정해버리기 때문이다.

무엇이든 해야 한다.

아무것도 하지 않고 시간을 보내고 있는 것만큼

나쁜 일도 드물다.

얼마 안 되는 시간이라고 우습게 여기지 말라.

바로 그 얼마 안 되는 시간들이 모이고 쌓여서

일이 되는 법이다.

젊은이여! 땀과 노력은 아끼지 말라.

그러나 시간은 아껴라.

세상에는 소중한 것이 많이 있지만,

그 무엇보다도 소중한 것 중의 하나가

바로 시간이다.

어려울 때가 기회이다.

어쩌면 기회는 어려울 때만 생기는 것인지도 모른다.

고난의 토양 위에서만 자라는 것이 기회이다.

내가 좋을 때는 남들 또한 좋다.

상황이 좋을 때 잘하는 것은 누구나 할 수 있다.

그런 때에 내가 잘한다는 것이 무슨 특별한 뜻이 있겠는가?

남들보다 앞서는 비결은

남들이 열심히 할 때 자기도 열심히 하는 것이 아니다.

남들만큼 하면 현상유지를 할 수 있을지는 몰라도

앞서기를 기대할 수는 없다. 남들이 하지 않을 때,

남들이 두 손 놓고 있을 때,

또는 남들이 힘들다고 포기해버릴 때,

그때 배전의 노력을 쏟는 사람,

그 어려움 속에 달려들어 위기를 기회로 바꿔놓는 사람,

그 사람만이 진정으로 이길 수 있다.

내게 굳이 건강의 비결을 묻는다면 열심히 일하는 것을
첫 번째로 들겠다. 일을 하면 활력이 솟는다.
물론 억지로 하는 일은 피곤과 짜증만 몰고 와서
오히려 건강을 해친다.
그러나 자진해서 즐겁게 일을 해보라.
건강한 에너지가 샘솟고 사는 맛이 난다.
땀은 헬스클럽 같은 데서 흘리는 것보다
일터에서 흘려야 한다. 그것이 건강으로 가는 지름길이다.
나는 취미처럼 일을 한다고 고백한 적이 있거니와 이런 말도
기능할 듯싶다. 나는 또한 운동 삼아 일한다고.

인간은 육체와 정신의 조화를 이룰 때 비로소 건강한 사람이 된다.
몸은 건강하고 체격은 좋은데 그 정신이 병들어 있다고 생각해보라.
그 사람은 뒷골목을 주름잡는 '주먹'이 되어 인생을 탕진하고 말는지
모른다. 그런 사람을 일컬어 누가 건강하다고 말하겠는가?
정신이 건전하고 사고가 올바를 때만 육체의 건강은 의미를 갖는다.

밥을 먹을 때는 가리지 말고 맛있게 먹어야 한다.

적어도 우리나라 음식 중에서 가리는 것이 하나라도 있다면

그 사람은 세계적 인물이 되기엔 모자라는 사람이다.

왜냐하면 해외에 나가 여러 나라 사람들과 만나 관계를 맺다 보면

별의별 음식을 다 먹어야 하기 때문이다.

아프리카에 가면 얌을 먹어야 하고 중동에 가면 양고기를

먹어야 한다. 비위에 맞지 않더라도 식탁에 나온 음식을

맛있게 먹는 것이 예의이다. 또 그래야 사람을 사귀기가 좋다.

물질의 증대는 말할 필요도 없이

우리의 정신을 풍요롭게 하고 값지게 하는 데 이바지해야 한다.

오히려 정신을 피폐화시키고 인간성을 황폐하게 만든다면

그런 물질의 증대, 그런 경제성장은 복이 아니라 재앙이다.

한 가지 일에 미칠 정도로 몰두하지 않고 성공하기란
하늘의 별을 따는 것만큼 어렵다. 한 가지 일에 미칠 정도로
몰두하고서 실패하기란 그만큼 어려운 법이다.

한 가지 일에 흠뻑 빠지지 않고 성공한 사람을 나는 한 사람도
알지 못한다. 한 가지 일에 미칠 정도로 몰두하고서
실패한 사람을 나는 또한 한 사람도 알지 못한다.

사람들은 일만 붙잡고 있으면 세상 사는 재미가 있겠느냐고
물을지도 모른다. 적당히 놀아 가면서 살아야지 그렇게 일의 노예가
돼버리고 나면 무슨 낙이 있겠느냐고 딱하게 여길지도 모른다.
그러나 그런 말들은 참으로 일하는 즐거움을 모르고 하는 소리이다.
일에 몰두한 사람의 모습이 얼마나 아름다운지를 모르고 하는
소리이다. 사람은, 특히 젊은이는 일에 몰두해 있을 때의 모습이
가장 보기 좋다는 사실을 이해하지 못하고 하는 소리이다.
어떤 일을 이루었을 때 가슴을 뿌듯하게 채워오는, 그 무엇과도
바꿀 수 없는 충만한 기쁨을 모르고 하는 소리이다.

나는 오직 먹고살기 위해서만 일터에 나가는 사람을 달갑게
여기지 않는다. 만물의 영장인 인간이 위장 속에 집어넣을 먹이를
위해서 일한다는 것은 얼마나 비참한 노릇인가? 더구나 큰 꿈과
야망에 가슴이 불같이 뜨거워야 할 젊은이가 그렇듯
안일한 정신 상태로 살고 있다면 정말 불행한 일이다.

억지로, 마지못해 공부하는 학생이 있다면, 그 사람은 입에 풀칠을
하려고 내키지 않는 일터에 나온 사람만큼이나 추하고 안타깝고
비참하다고 하지 않을 수 없다. 일하면서 일하는 즐거움을 느껴야
하듯이 학생도 공부하는 즐거움을 스스로 발견해내야 한다.
남이 시켜서 억지로 하는 것이 아니라 스스로 원해서 하는 일이라고
생각해보라. 남의 일을 떠맡은 것이 아니라 바로 내 일이라고
생각해보라. 그러면 수업에 임하는 자세부터가 달라질 것이다.
공부가 재미있게 여겨질 것이다.

돈 때문에 일하거나 석차 때문에 공부하는 것이 아니라
바로 나의 행복과 기쁨을 위해, 더 나아가 내가 속한 공동체의
복지를 위해 일하고 공부하는 것이라고 마음을 고쳐먹어보라.
어떻게 일이 즐겁지 않을 수 있겠는가?
어떻게 공부가 하기 싫을 수 있겠는가?

일이나 공부를 과업으로 여기는 데서 괴로움이 싹트는 것 같다.
그것을 취미로 삼으면 취미이기 때문에 재미가 있을 것이다.
재미가 있으니 열심히 하게 되고 열심히 하게 되면 저절로 능률이
오른다. 능률이 오르면 결과가 좋아지는 것은 정해진 이치이다.
그렇게 되면 무엇인가를 이룬 스스로에 대한 만족감으로 더 없이
행복해질 것이다. 사람이 누릴 수 있는 기쁨 가운데
성취감과 바꿀 수 있는 것을 나는 달리 알지 못한다.

만일에 취미라고 하는 것을, 한 사람이 외부의 압력을 받지 않고
자발적으로, 그러니까 스스로의 즐거움을 위해서 기꺼이 행하는
어떤 행위라고 정의한다면, 어쩔 수 없이 나의 취미는
'일하는 것'이라고 대답할 수밖에 없다. 나는 한 번도 일을 억지로
해본 적이 없으며 누가 시켜서 한 적도 없고 일속에서 기쁨과
만족을 누리고 있으니 일이 취미가 아니고 무엇이겠는가?

취미처럼 자발적으로, 기쁨을 가지고 일한다면 사업을 하는 사람은
작은 회사를 점점 키울 수 있을 것이고 시설을 하나 둘씩 늘릴 수
있을 것이다. 공부를 하는 사람이라면 성적이 부쩍부쩍 올라서
그 대가로 상을 받게 될 것이다. 내 말이 믿어지지 않거든
한번 시도해보기 바란다.

새로운 사람을 만나 새로운 일을 가지고 접근할 때는 마음이 설레고,
마치 중요한 시합에 임하는 선수처럼 팽팽한 긴장감이 감돌기도
한다. 그 시합이 어렵고 대규모일수록 내 주의력은 집중되며
흥미로움도 배가되는 것이다. 상대방의 숨겨진 카드를 읽어내고,
내 뜻대로 협상을 성공으로 이끌었을 때의 승리감, 일을 원만히
해결하여 서로가 만족스런 얼굴로 악수할 때의 그 신선한 기쁨은
내게 솟구치는 활력과 생명력을 불어넣어준다.

입만 열었다 하면 '옛날에는 나도…' 하고
지나간 시절을 그리워하는 사람이 있다.
과거가 그의 눈을 가리고 미래의 시간을 보지 못하게 한다.
과거가 그의 발목을 붙잡고 미래를 향해 걸음을 옮기지 못하게 한다.
그런 사람에게는 미래라는 시간이 없는 것이나 마찬가지이다.

과거나 현재에 뿌리박힌 인생관에서는 미래의 영광과 행복을 위해
오늘을 투자하고 희생하려는 미래 지향적인 가치관을 찾아볼 수가 없다.
길게 미래를 내다볼 줄 알아야 한다. 인생은 단거리 경주가 아니다.
42.195킬로미터를 달려가야 할 마라톤이다. 내일을 위해 오늘의
시간을 비축해둘 줄 아는 지혜를 가져야 한다. 마라톤 선수가
처음부터 힘을 모두 쏟지 않고 나중을 위해 비축하듯이, 미래를 위해
현재의 시간을 희생하는 사람은 반드시 그 열매를 거두게 될 것이다.

근시안적 사고를 버리자. 눈앞의 이익에 급급하여 더 큰 이익을 놓치는
어리석음을 범하지 말라. 오늘 살다 죽는 인생이 아니다. 마지막에 웃는
사람이 승리자라는 말이 있다. 지금 당장의 사소한 웃음에 한눈이 팔려
장래의 커다란 웃음을 잃어버리는 어리석은 사람이 되지 말기 바란다.

오늘의 조연으로 만족하지 말고 내일의 주인공을 꿈꾸자.
오늘의 조연에 만족하는 사람은 내일은 엑스트라로 전락할지 모른다.

나는 사람이 엄청난 능력을 부여받고 그것을 활용하며
살도록 창조되었다고 믿는다.
그 능력을 활용하려 들지 않는 것은 개인적으로만이 아니라
사회적으로도 막심한 낭비이고 그런 의미에서 죄악이다.

자기 자신의 능력을 과소평가하지 말아야 한다. 지나치게
자기의 능력을 과대평가해서 분수없이 날뛰는 것도 꼴불견이이지만,
자기를 과소평가하는 것 또한 그에 못지않게 부끄럽고 추하다.
자신에 대한 과소평가는 과대평가보다 더 나쁘다.

여러분에게 세상을 먼저 산 선배로서 나는 무엇이든 할 수 있다는
신념을 가지라고 말해주고 싶다. 자기가 바라는 것을 마음속에
구체적으로 그려라. 그 일이 무엇이든 마음먹은 대로 이룰 수 있다는
자신감을 꼭 붙들라. 오늘의 업적 또한 어제는 불가능이었다.

헝가리 출신의 유명한 축구 선수가 오래전에 유럽 축구선수권

대회에서 우승한 뒤 기자회견을 가진 적이 있었다.

우승의 비결을 묻는 기자들에게 그 선수는 이렇게 말했다.

"나는 많은 시간을 투자하여 공을 찹니다.

공을 차고 있지 않을 때는 축구에 대한 이야기를 하고 있습니다.

그리고 축구에 대한 이야기를 나누고 있지 않을 때는,

축구에 대한 생각을 하고 있습니다."

세상에 공짜란 없는 법이다.

우연이란 더욱 없는 법이다.

삽질한 만큼 웅덩이는 깊어지고 깊어진 만큼

물이 많이 고이기 마련이다.

한국이 1인당 술 소비량에 있어서 세계 톱클래스에 드는데 과연
우리나라 사람들이 술에 대해 얼마나 알고 있을까? 술의 기원, 역사,
종류, 술과 건강, 음주법, 매너, 음식과 술의 조화 등등….
술을 마시기에 앞서 기본적으로 알아두어야 할 것들을 아는 사람이
거의 없다. 대부분 술이 있으니까, 또는 술에 취하기 위해
마실 뿐이다. 그렇기 때문에 그 막대한 술 소비량에도 불구하고
한국에서는 '술 문화'가 꽃피지 못하고 있을 뿐 아니라
세계적인 좋은 술을 생산해내지도 못하는 것이다.

한때는 제일이라고 각광받던 것도 유행이 지나면 시들해지는
법이다. 그러나 모든 것이 다 변해도 변하지 않는 것, 변할 수 없는 것,
변해서는 안 되는 것, 기초적인 것, 즉 어떤 원리와 같은 것이
우리의 삶 속에는 있는 법이다. 나는 젊은이가 유행이나
세상의 흐름에 따라 삶의 진로를 즉흥적으로 쉽게 결정하기 전에
한 번 더 생각하여 더 본질적인 것에 주목해주기를 바란다.

이제 우리는 잃어버린 삶의 뿌리를 되찾아야 한다.
어떻게 사는 것이 옳고 가치 있는 일이며,
어떻게 사는 것이 그렇지 않은 일인지를 분명하게
가르쳐줄 수 있는 텍스트를 되찾아야 한다.
그래서 혼돈된 가치관을 바로잡고, 사람의 이름에
걸 맞는 삶을 살아야 한다.

젊었을 때부터 돈에 대한 건전한 사고방식을 지니는 것이 좋다.

돈은 언제나 중간 가치이다. 돈 자체로는 선하지도 악하지도 않다.

단지 그 돈을 사람들이 어떻게 쓰느냐에 따라서 선도 되고 악도 된다.

그런 뜻에서 젊은이들이 돈을 선하게 쓰는 방법을

일찍부터 익혀둘 필요가 있다.

꼭 필요한 데에만 돈을 써야 한다. 그것을 판단하는 기준은

'유익성'이다. 스스로에게나 다른 사람에게 유익한 일에 돈을 쓰는

것이 돈을 잘 쓰는 길이다. 아무리 많은 돈이 들더라도 반드시 필요한

일이라면 쓰는 것이 좋다. 그러나 아무리 적은 돈이 들더라도

꼭 필요하지 않으면 쓰지 말아야 한다. 돈의 액수가 문제가 아니라

그것이 나와 이웃을 위해서 도움이 되는지, 안 되는지를

먼저 질문해보아야 한다.

아주 작은 돈이라 하더라도 함부로 써서는 안 된다.

그것은 아주 작은 시간이라 하더라도 함부로 낭비해서는

안 되는 것과 같은 이치이다.

아무짝에도 쓸데없는 일에 돈을 쓰는 것은 가장 어리석은 짓이다.

가령 충동구매 같은 것이 그렇다. 꼭 필요하지도 않으면서

단지 값이 싸다는 이유만으로 불쑥 물건을 사는 사람이 있다.

또 자기한테는 군이 필요하지 않은 물건을 단지 다른 사람들이

산다는 이유만으로 덩달아 사는 사람도 있다.

딱한 노릇이 아닐 수 없다. 설령 그가 산 물건의 액수가

아무리 적다 하더라도 마찬가지이다.

꼭 필요한 일이라면 큰돈이라도 아까워하지 말라.

그러나 꼭 필요하지 않은 일이라면 단 한 푼일지라도 아까워하라.

바둑에는 정수正手라는 것이 있다.

원칙대로 두는 수를 말한다.

인생에도 정수가 있고 정도正道가 있다.

속임수를 써서 당장 이익을 챙길 수 있을지는 몰라도

마지막 승리는 정수를 두고 정도를 걷는 사람이

차지하게 되어 있다.

옳지 못한 수단을 정당화할 수 있는 목적이란 없다.

옳은 길을 걷는 사람이 옳은 목적지에 도착한다.

옳은 목적지에 가기를 원하면서

옳지 않은 길을 걸으려 하는 것은

이치에 맞지 않는다.

경험은 훌륭한 교과서이다. 사람은 경험으로부터 세상의 이치를
배우고 경험을 통해 성숙한 삶을 살아가는 방법을 터득할 수 있다.

───

경험하지 않으면 알지 못한다. 굳이 경험론자들의 말을 빌 것도 없이,
우리가 정말로 자신 있게 안다고 말할 수 있는 것은 경험한 것 말고는
없다. 우리는 경험한 것만을 알 수 있다.
경험이야말로 가장 훌륭하고 하나뿐인 삶의 교과서이다.

───

할 수 있는 한 무엇이든 해보라. 도덕적으로 용납할 수 없는 것을
빼놓고 젊은이가 해서는 안 되는 경험은 없다. 운동도 열심히 하고
공부도 열심히 하고 친구도 많이 사귀고 연애도 하는 것이 좋다.
삽도 잡아 보고 운전대도 잡아 보고 배낭도 메어 보는 것이 좋다.
무엇이든 경험하지 않는 것보다 한 번이라도 경험하는 편이 낫다.

우리가 다르기 이전에 같다는 사실을 인정할 때 우리의 사소한
'다름', 우리 사이의 그 사소한 차이는 개성으로 존중을 받아
마땅하다. 그 차이가 개성이 아니라 차별이 되면 곤란하다.
우리 사이의 차이는 이 세상이 다양한 사람들로 이루어져 있다는
사실을 확인시켜줄 뿐이다. 그 이상도 그 이하도 아니다.
차이를 차별로 몰고 가는 짓은 야만적이다.

한 사람이 다른 사람을 이용해 먹으려고 한다면 그들의 관계는
서로에게 해롭다. 서로의 입장과 형편을 먼저 생각해주며
서로를 위할 때 그 관계는 서로에게 유익하다.

자기보다 훌륭한 사람과 사귀다 보면 저도 모르게 그 사람을
본받게 된다. 그 반대의 경우도 마찬가지이다. 자기보다 못한
사람과 사귀다 보면 저도 모르는 사이에 좋지 못한 영향을 받는다.

사람과 사람 사이의 관계를 이어주는 중요한 끈이 있다.
그것은 서로를 믿는 마음이다. 그러나 사람에 대한 믿음은
하루아침에 생기는 것이 아니다. 사람을 믿게 만들기 위해서는
인내와 노력이 필요하다.

무슨 일을 하든 마찬가지이지만, 특히 사업에서는 사람이 중요하다.
사람이 으뜸이다. 사람이야말로 가장 큰 힘이다. 회사에서 인사
문제를 중요하게 여기는 것도 결국은 일을 하는 것은 사람이라고
하는 생각 때문이다. 그 회사가 발전하느냐 퇴보하느냐를 결정하는
가장 큰 요소는 단연 사람이다. 사람보다 더 중요한 것은 없다.
우리의 인생에서도 마찬가지이다. 인간관계를 어떻게 이끌어
가느냐에 따라 그 인생의 성패가 좌우된다고 해도 지나치지 않다.

화가는 어떤 지방을 여행하든 그림 그리기 좋은 풍경만 본다.

낚시꾼은 좋은 낚시터가 될 만한 곳만 기억한다.

사업가는 어떤 지방을 여행하든 돈을 벌 수 있는

방법을 찾아내는 것이다.

기업인은 단순히 돈을 잘 버는 사람이어선 안 된다는 점을 명심하라.

돈을 버는 것은 무엇 때문인가? 잘 쓰기 위해서이다.

돈을 벌어서 흥청망청 쓸데없는 일에 낭비할 생각이라면

그런 사람은 기업인이 될 자격이 없다.

행여 '내 것'을 더 늘릴 욕심으로 사업을 하겠다는 사람이 있다면,

정말이지 그 사람은 크게 잘못 생각한 것이다.

우리 기업인들이 욕을 먹는 이유는 따지고 보면

돈을 못 번 데에 있지 않다.

돈을 잘 쓰지 못하기 때문에 욕을 먹고 비난을 받고 있는 것이다.

돈을 잘 버는 재주가 있는 사람이 있듯이 돈을 잘 쓰는
재주를 가진 사람이 있다. 그런 사람들에게 돈을 쓰도록 해줘야 한다.
그래야 옳은 일에 쓸 수 있게 된다.
돈을 잘 쓸 능력이 없는 사람이 돈을 가지고 있으면
그 돈이 쓸데없는 일에 낭비되거나
잘못 쓰일 가능성이 높다.

돈을 잘 벌 능력이 있는 사람은 부지런히 잘 벌고,
돈을 잘 쓸 능력이 있는 사람은 사회를 위해 슬기롭게
쓰면 된다. 그렇게만 된다면 우리가 사는 세상은
한층 더 아름답고 평화스럽게 될 것이다.

내가 다섯만큼 이익을 보았으면 상대방에게도 그만큼의
이익을 보장해주어야 한다. 내 주머니만 채우려 해선 안 되고
상대방의 주머니도 채워주어야 한다. 그것이 당장에는 조금
이익을 덜 보는 것 같아도 길게 볼 때는 훨씬 낫다.

믿음만 있으면 이해하지 못할 일이 없다.
그러나 믿음이 없으면 아무것도 이해할 수가 없다.

상대방으로 하여금, "그 사람, 또는 그 기업과 관계를 맺으면
결코 손해 보지 않는다"는 인식을 심어주는 일이 중요하다.
나는 이 원칙을 철저하게 지켜왔다.

사람은 아무리 시원찮은 상이라도 일단 받으면 기분이 좋아지고,
다소 입에 발린 소리처럼 느껴지더라도 칭찬을 들으면
기뻐지는 법이다. 그리고 자기가 인정받았다는 자부심 때문에
그 인정을 배신할 수가 없어서 더 열심히 일하는 법이다.

벌을 통해서는 잘못한 것 단 한 가지밖에 고칠 수가 없다.
그러나 상을 줌으로써 우리는 그 사람의 인생 전체를
변화시킬 수가 있다. 따라서 나는 교육적 효과를 위해서라도
상을 많이 줘야 한다고 생각한다. 상을 통해 명예의 소중함을
일깨워줄 필요가 있기 때문이다. 자기가 사회적으로 인정받았다고
하는 자부심, 명예심이 그로 하여금 전보다 배나 성실하고
충실하게 살아가도록 만들 것이라고 나는 믿는다.
증거가 어디 있느냐고 묻는 사람이 혹시 있다면 나는 서슴없이
나 자신이 그 증거라고 대답할 것이다.

우리는 그 자리에 꼭 있어야 하는 사람, 없어서는 안 되는 사람이 되어야 한다. 있으나 마나 한 사람, 없는 게 더 나은 사람, 있어서는 안 될 사람이 되어서는 안 된다. 없어서는 안 될 사람은 어떤 사람인가? 그 자리에 주어진 일을 제대로 하는 사람이 '없어서는 안 될' 사람이다. 반면 자기가 앉아 있는 자리에 주어진 일을 제대로 하지 않는 사람이 '있어서는 안 될' 사람이다.

우리 주변에서 보면, 자기 일은 물론 남의 일까지도 척척 알아서 잘하는 사람이 있는가 하면, 반대로 남의 일은커녕 자기 일조차 시키지 않으면 하지 않는 사람이 있다. 이것은 자기를 주인으로 의식하느냐 머슴으로 의식하느냐의 차이에 있다.

주인은 주인이기 때문에 일을 적극적으로 찾아서 한다.
그는 "남이 하지 않는데 왜 내가 해?" 하고 묻지 않는다.
그는 남이 시키지 않아도 알아서 일한다.

언제나 주인의식을 가지고 살아야 한다.

주인의식을 가지고 일하는 사람은 환경을 탓하지 않는다.

주인의식을 가지고 사는 사람은 창의적이다.

그는 또한 도전적이며 늘 의욕이 넘친다.

주인의식을 가진 회사원은 자기가 회사의 주인인 것처럼 기꺼이
일할 것이다. 이런 사람이 많은 회사는 성공하지 않을 수가 없다.

반면에 자기를 그저 월급쟁이 머슴 정도로 생각하는 사람은

윗사람이 지시한 사항 외에는 하려고 들지 않을 것이다.

그나마도 성의껏 하지 않을지도 모른다.

이런 사람이 많은 회사는 성공할 수가 없다.

또 가정이 그렇고 나라도 그렇다.

가장 나쁜 것은 방관자의 자세이다.

제 구실을 다하려는 주인의식이 없어지면

적당주의와 방관자의 무감각이

비집고 들어온다.

|

항상 남보다 앞서 본보기를 보이고 적극적으로 일을 찾아

나서기 바란다. 내가 아니면 이 일을 할 수 없다고 생각하기 바란다.

그래야만 즐겁고 능률이 오른다. 마지못해서 일을 하면

즐거움이 따르지 않고 능률도 오르지 않는다.

주인은 결코 방관하지 않는다.

그러므로 여러분은 주인이 되어야 한다.

머슴이나 방관자가 아닌 참된 주인이 되어야 한다.

아무도 자기의 인생을 대신 살아주지 않는다. 여러분의 인생의 주인은 여러분 자신이다. 자기의 인생을 남에게 맡기려 하는가? 자기의 인생에 대한 '주인 됨'을 헐값에 팔아 치우고 머슴으로 전락하려 하는가? 그런 어리석은 짓을 하지 말기 바란다.

자기 인생의 주인은 여러분 자신임을 기억하라. 주인이 되라. 주인답게 살라. 주인답게 공부하고 주인답게 처신하라. 희망은 항상 주인들의 것이다. 머슴들의 것이 아니다.

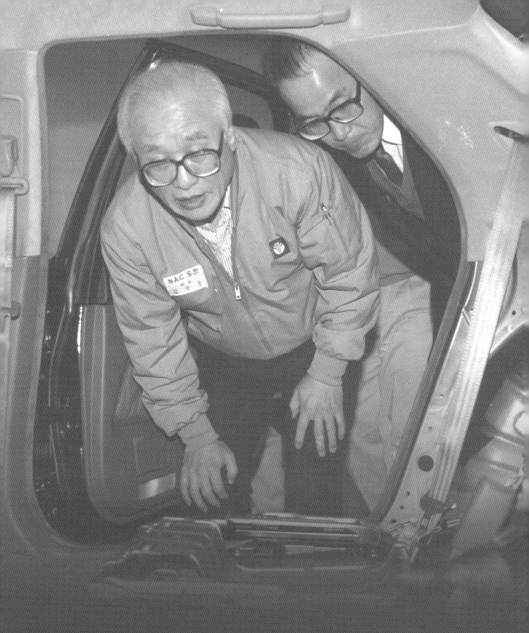

문제해결은 치밀한 관찰과 꾸준한 관심에서 출발한다.
피상적 관찰과 얕은 관심으로는
단 하나의 사소한 혁신도 불가능하다.

천재나 영웅은 누구에게나 잠재되어 있는 능력을
스스로 개발하고 발굴해낸 사람이라고 말할 수 있다.

|

위기에 몰리면 사람은 가끔 초인적인 힘을 발휘하게 된다.
사실 사람은 엄청난 능력을 지니고 있다. 다만 그 능력이 잠재된 채로
묻혀 있기 때문에 그 실체를 잘 인식하지 못할 뿐이다.
자신의 내부에서 잠자고 있는 그 능력을 깨워 일으킨 사람은
성공하지만 그러지 못한 사람은 평범하게 살다 가기 마련이다.

|

사람은 자꾸 닦지 않으면 쉽게 녹슬어버린다.
끊임없이 스스로를 채찍질하지 않으면 쉽게 퇴보해버린다.
현상유지란 언제나 거의 불가능하다. 내가 현재의 자리를
언제까지나 그대로 지키고 있다 하더라도 다른 사람들이 조금씩
나아가기 때문에 결과적으로 나는 퇴보하는 것과 마찬가지가 되고
만다. 앞으로 나가지 않으면 도태되고 마는 것이다.

현상유지는 퇴보를 뜻한다.

현상유지와 자기만족에 빠져든 사람은

볼 장 다 본 사람이라고 해도 지나친 말이 아니다.

그에게는 더 이상의 발전을 기대할 수가 없기 때문이다.

항상 도태되지 않으려고 자기 자신을 개발하며

활기차게 공부하는 사람만이 꾸준히 발전할 수 있다.

사회는 그런 사람을 기다리고 있다.

늘 스스로를 돌이켜 보고 현명하고 훌륭한 인물이

될 수 있도록 스스로를 채찍질해야 한다.

다른 사람에게는 관대해야 하지만 자기 자신에게는 항상

엄격해야 한다. 변명과 합리화의 유혹을 경계해야 한다.

자기 자신을 이겨내는 사람만이 다른 사람도 이길 수 있다.

자기 자신에게 흐리멍덩한 사람은 다른 사람으로부터도

흐리멍덩하다는 평가를 받을 것이다.

여러분의 내부에 잠들어 있는

그 무궁무진한 잠재능력을 불러 깨워 일으키라.

그 능력은 부르기만 하면

언제든지 깨어날 준비를 하고 있다.

끊임없이 창조적으로 자기를 개발해야 한다.

생명체는 활기차게 자기를 개발해가야 한다.

그것이 생의 법칙이기도 하다.

자기 자신에게 엄격하라.
이젠 되었다고 만족할 수 있는 순간이란 없다.
죽는 순간까지 스스로를 채찍질하라.
움직이지 않으면 기능이 마비되어버린다.
제자리에 머물러 있는 것은 퇴보를 뜻한다.
천재나 영웅은, 여러분의 내부에도 똑같이 잠재되어 있는
능력을 조금 더 개발하고 발굴해낸 사람이라는 사실을,
그러므로 자기개발을 통해 여러분도 얼마든지
천재나 영웅이 될 수 있다는 사실을 잊지 말라.

3
도전

세계는 넓고 할 일은 많다

개척자에게는 위험이 따른다. 그것은 어쩔 수 없다.

아무도 가지 않았기 때문에 길이 만들어져 있지 않은 땅을

그들은 가야 한다. 개척자에게 더러 욕을 하는 사람도 있을 수 있다.

어떻게 욕이 따르지 않겠는가? 그러나 개척자는 그러한 위험과

비난에 움츠러들 사람이 아니다. 개척자가 위험을 무릅쓰고

아무도 가지 않았던 미지의 땅에 길을 만들고, 아무도 해내지 못했던

일에서 성과를 거두었을 때 사람들은 개척자를 칭송할 것이다.

세계는 지구촌이라고 불릴 정도로 좁아졌지만

아직 가보지 않은 길이 있고, 이 땅에는 숱한 사람들이

온갖 일을 하며 살고 있지만 아직 아무도 해내지 못한 일이 있다.

우주를 생각하고 큰일을 꾸며보라.

실패를 두려워하지 말라. 개척자는 외롭다.

그러나 여러분의 미래는 여러분 스스로 개척해가야 한다.

그것이 인생이다.

세계는 넓고 할 일은 많다.
아무도 가지 않은 곳에 가려고 해야 한다.
아무도 하지 않은 일을 하려고 해야 한다.
역사는 그런 사람들의 발걸음에 의해
조금씩 조금씩 전진해왔다.
그런 사람들을 우리는 개척자라고 부른다.
아무도 아직은 가지 않은 길,
아무도 아직은 해내지 못한 일을 추구하는
진취적이고 도전적인 개척자에게만
세계는 넓고 할 일은 많다.

나는 1년의 3분의 2를 해외에서 지냅니다.

해외에 나가면 항상 느끼는 것이 나라가 강해야 한다는 점입니다.

나라가 강하지 않으면 차별대우를 받고 사업도

아주 불리한 여건에서 하게 됩니다. 나라가 강하지 않으면

기업도 생존하기 힘들다고 생각합니다.

1984년 4월 8일. KBS 김우중 회장과 100명의 대학생 자유토론.

저는 우리나라 경제활동인구의 20퍼센트까지 해외로 나가야

한다고 생각합니다. 기업도 적극적으로 해외로 나가고 국민들도

새로운 기회를 찾아 해외로 진출해야 합니다. 국내외 부문이

서로 힘을 합쳐 더욱 탄탄한 비즈니스 네트워크를 구축해야 합니다.

2015년 10월 19일. 싱가포르. 세계한인경제인대회 개회식 특별 강연.

지금 우리 사회를 이끌어가는 중심 세대들은 역사상 제일 고생한 세대라고 봅니다. 우리는 어느 분야에 있든지 모두가 최선을 다해 열심히 노력해서 잘 살아보자는 컨센서스를 가지고 있었습니다. 아무것도 없는 데서 출발해 30년 만에 이만한 나라를 만들었습니다.

어느 나라도 할 수 없는 일을 해낸 세대들이 지금 이 사회를 이끌고 있습니다. 저는 걱정을 안 합니다. 이만한 능력이 있는데 여기서 더 나빠지겠습니까? 절대 좋아진다고 확신합니다.

우리는 엄청난 노력으로 많은 경험을 쌓았고, 또 엄청난 위기를 슬기롭게 극복해왔습니다. 우리가 살아온 30년은 다른 나라에 비하면 100년 이상의 가치를 지니고 있습니다.

우리에겐 능력이 있습니다. 지금 없는 게 무엇입니까?

1998년 10월 13일, 'PAX KOREANA 21' 조찬 토론 특강.

기업은 항상 가능성을 추구하는 창조의 집단이었습니다.
기업은 스스로 변화를 만들어 인류의 번영에 기여해왔으며,
때로는 외부환경의 변화를 수용하여 더욱 큰 발전을
이룩하는 개척과 도전을 수행하기도 했습니다.
길게 회고해보지 않더라도 우리는 민간 차원에서
기업들의 교류와 협력이 이념의 장벽을 무너뜨리고
세계평화의 길잡이가 되었던
사례들을 얼마든지 기억해낼 수 있습니다.

1993년 9월 21일, 비즈니스위크 주관 아시아 최고경영자 심포지엄 기조연설.

비즈니스 세계에서는 분명한 미래가 있어야

현재가 열리고 미래의 비전을 새롭게 할 때

지금 해야 할 일이 명확해집니다.

비전의 창조자로서 경영자의 역할이 대단히 중요합니다.

경영자는 사업에 미쳐야 모든 것이 보이고

미래도 대비할 수 있게 됩니다.

특히 한창 커나가는 기업에서는

경쟁력의 99퍼센트가 경영자에게 달렸다고

저는 말씀드리고 싶습니다.

2015년 10월 19일. 싱가포르. 세계한인경제인대회 개회식 특별 강연.

한국을 포함한 '네 마리 용'이 국제사회의 이목을 집중시킨 가장 큰 이유는 그들의 성장과 발전이 국제적으로 '위협적인 수준'에 도달해서라기보다는 그들의 성장과 발전 속도가 선진국에 비해 상대적으로 '위협적인 속도'였기 때문입니다.

1990년 2월 22일. 미국 MIT 초청 연설.

과거처럼 우방의 보호에 유아적으로 의존하려는 자세는 더 이상 통용되지 않습니다. 이제는 우리도 국제사회의 일원으로서 책임과 의무를 다한 후에 정당한 권리를 부여받겠다는 홀로서기 자세를 가져야 합니다. 이런 자주적, 자립적 자세를 가지고 국제사회의 목표를 함께 추구해 나가야 우리의 발언권도 키우고 평가 수준도 높여 나갈 수 있습니다.

1990년 11월 1일. KBS 간부 대상 초청 강연.

우리가 주목할 사실은 거대한 동유럽권이 서구의 경제력 앞에 무릎을 꿇은 데서도 시사하는 바와 같이 이제는 세계 모든 나라가 선후진국을 가리지 않고 '배고픈 이데올로기보다 배부르게 만드는 경제력만이 국가의 생존을 보장한다'는 믿음 아래 실리 위주의 '경제지상주의'를 지향하고 있다는 점입니다. 현재 진행되고 있는 우루과이라운드 협상만 봐도 경제력이 있는 국가가 논의 한마디 없이 자국 이익에 부합되는 조치를 일방통보하는 것으로 협상을 끝내버리고 있습니다. 이것이 오늘날 우리가 당면한 국제 현실입니다. 이런 추세로 볼 때, 앞으로 국제관계에서는 경제력만큼 국가의 빌언권이 주어질 것이며, 우리가 경제력을 키워내지 못하면 국제무대에서 천대받을 수밖에 없다는 점을 분명히 인식해야 합니다.

1990년 11월 5일. 내무부 지방연수원 초청 강연.

여건이란 우리가 이용하고 만들어가는 것이지

그대로 받아들여야 하는 것이 아닙니다.

더욱이 발언권이 미약한 우리 같은 나라는

국제 여건을 탓하고만 있을 형편이 결코 못 됩니다.

스스로 대처할 능력을 키우고 또 거기에 대해

책임을 지는 것이 오히려 현명한 자세입니다.

이런 작업을 충분히 할 수 있음에도 불구하고

우리가 못하고 있는 점이 더 큰 문제라고 생각합니다.

1991년 10월 16일. YPO 서울지회 조찬 강연.

다시 말해 그 나라의 시각으로 세계를 바라보라는 것입니다.

거점은 인도네시아라고 하면서 마음은 서울에 두고,

한국의 눈으로 세계를 보면 아무것도 얻을 수 없습니다.

한국을 기준으로 하면 사업 가능성이 없지만

인도네시아를 기준으로 하면 충분히 사업이 가능한 것이 있습니다.

인도네시아만 염두에 두고 보면 안 되는 것인데

세계를 무대로 생각하면 되는 것이 얼마든지 있습니다.

이런 가능성을 볼 수 있어야 합니다.

이것이 진정한 세계적 안목이고 글로벌 마인드입니다.

2016년 10월 11일. GYBM 연수생과의 대화.

요즘 보면 경제 전쟁이라고 이야기하고 있고 또 이데올로기가
없어진 지 오래입니다. 정치라는 것도 궁극적으로는 국민이
편안하게 잘살 수 있게 하는 것이 아니겠는가 생각합니다.
그렇다면 모든 것을 우리 국민들이 잘 사는 쪽으로 이끌어가는 게
옳은 방향일 것입니다. 경제면에서만 봐도 앞으로 지역경제화 되고
또 세상은 자꾸 보호주의로 가고 있는데, 이렇게 되면 앞으로
아무리 싸고 좋은 제품을 만들어도 못 파는 시대가 오리라고 봅니다.
그것을 대비해서 과연 우리는 지금 무엇을 하고 있는지
생각해볼 필요가 있습니다. 지금 오피니언 메이킹하는
여기에 있는 모든 사람들이 과연 어떻게 처신해야 하느냐
하는 것도 한번 생각해볼 필요가 있을 것입니다.

1992년 1월 31일. 신문편집인협회 금요조찬회 초청 강연.

내가 중국에 관심을 갖는 것은 우리 회사의 이익에도 연관이 있지만 그보다도 기본은 한국과 중국의 지정학적 관계 때문입니다.

사실상 우리는 세계시장의 절반밖에는 판매활동을 하지 못하고 있는데, 이유는 중국, 소련, 동유럽 국가, 아프리카, 남미의 공산주의 국가 및 사회주의 국가와는 외교관계가 없어서 장사를 하지 못하기 때문입니다. 또 만약에 남북 간에 전쟁이 일어난다고 하면 엄청난 손실을 가져와서 우리 후대에게 부담을 물려줄 것입니다.

따라서 남북 간의 긴장완화라는 것이, 물론 정부도 그렇게 생각하고 있지만, 최선의 우리 목표가 아닌가 생각하고 있습니다.

우리가 중국과의 교역이 각각 50억 달러씩 되어 수출입 총액이 100억 달러까지만 되면 남북 간 긴장은 상당히 완화되리라고 봅니다. 또 긴장이 완화되면 방위비가 줄어 이런 여유자금이 산업에도 돌아올 수 있다는 이점과 긴장완화에 따라 공산 국가들과 교역할 수 있다는 큰 이점이 생겨납니다.

1985년 10월 22일. STORM '85 교육 대리과정 회장과의 대화.

문제는 우리가 힘이 없기 때문에 그런 찬스를

강대국들이 다 가져가는 게 아니겠습니까?

제가 보기에는 일본이 우리가 통일하는 것을 좋아하겠느냐,

미국이 우리 통일하는 걸 좋아하겠느냐,

소련이 좋아하겠느냐, 중국이 좋아하겠느냐?

아마 우리가 통일하는 데 쌍수를 들고

협조하는 나라는 없을 것입니다. 상대적으로 보면

그것은 자기들의 이해 침범입니다.

1984년 2월 27일. 관훈토론회.

자원이 풍부한 나라에는 인재가 귀하고 자원이 없는
땅에서는 우수한 인재가 배출됩니다. 이는 하느님의
공평한 섭리입니다. 하느님은 우리에게 우수한 인재를 많이
주셨습니다. 우리는 좋은 두뇌로 열심히 노력하여
오늘의 서구처럼 풍요한 사회를 우리의 후손들에게
물려주도록 합시다.

1975년 8월, 간부사원 교육.

현실적인 눈으로 접근해보면 남북 경제 협력이 당장의 실리를
보장해줄 수 있는 여지는 거의 없다고 생각합니다.
하지만 그것은 우리 민족에게 대단히 소중한 발전 기회를
가져다주게 됩니다.
세계는 지금 적어도 경제적 측면에서만큼은 국경의 개념이 사라진
무국경화 추세로 나아가고 있습니다. 따라서 남북한 사이에
경제 교류가 시작되면 그것은 북한의 내부시장에 국한되는 것이
아니라 압록강과 두만강 건너에 있는 중국의 요녕성, 길림성,
흑룡강성 등 동북 3성과 만주, 그리고 러시아까지도 우리의
경제활동 무대가 될 수 있다는 점이 중요한 의미를 갖습니다.
이 지역을 합치면 우리는 인구 3억이 넘는 대규모의 신시장을
확보하게 됩니다.

1992년 10월 16일. 광림교회 경영세미나의 밤.

지금이 민족통일을 이룩할 절호의 기회입니다. 사회주의 국가들의
개방화 추세는 북한으로 하여금 변화의 수용을 불가피하게 만들고
있습니다. 이념의 높은 벽이 허물어져 가는 국제사회의 변화양상도
우리에게 유리한 국면입니다. 더욱이 소련의 해체로 동북아를
둘러싼 강대국들의 세력판도는 혼란의 와중에 놓여 있습니다.
우리가 자력으로 통일을 이룩할 수 있는 매우 유리한 여건이
지금 우리에게 주어진 것입니다. 어쩌면 이 기회가 우리가 자력으로
통일을 이룩할 수 있는 마지막 기회일지도 모릅니다.
국제사회가 새로운 질서로의 이행을 끝내고 안정을 되찾게 되면
우리는 또다시 강대국들의 방해에 직면하게 됩니다.
강대국들은 한반도가 통일되고 이를 통해 우리가 강력한 경쟁자로
부상되는 미래를 절대로 바라지 않습니다.

1992년 4월 14일. 한국인간개발연구원 전국경영자세미나.

압록강 다리를 건너면서 보니까 다리가 두 개 있는데
그중 하나는 부서져 복구가 안 된 상태로 그대로 있었습니다.
그것을 보면서 제가 가보고 싶었던 마지막 남은 시장이
여기라는 생각을 하기도 했습니다. 1976년 수단을
시발점으로 해서 많은 나라를 개척하고 이제 마지막 남은
시장을 개척하러 들어간다는 기분이 저에게 굉장히
큰 의의를 느끼게 했습니다.

1992년 1월 31일, 신문편집인협회 금요조찬회 초청 강연.

사람이라는 것은 다 나이가 들면 자동적으로 약해지는 것 같아요.
또 약해지면 자동적으로 자기 것을 찾게 됩니다. 선배들 이야기를
들어보면 기업 하는 사람이 자기 것을 찾게 될 때가 마지막이라고
합니다. 그러니까 자기 것을 자기가 찾을 때가 기업 하는
사람으로서의 어떤 한계에 도달했다고 평을 하는 거예요.
그래서 저는 솔직한 이야기가 제가 제 것을 찾을 때는
아무것도 없었으면 좋겠어요. 그렇게 해야지, 쉬운 이야기로 사람이
지저분하지 않게 회사를 잘 이끌어가지 않겠느냐는 겁니다.
또 회사도 마찬가지죠. 옛날에는 '회사는 죽어도 사람은 남는다'고
이야기를 하잖아요. 앞으로의 기업 형태는 어떠냐,
'사람은 죽어도 기업은 남는다'고 봅니다.
앞으로 기업의 전체적인 발전 패턴이 말이죠.

1977년 1월. 동아방송 신년 특별 대담.

왜 신들린 사람이라는 말이 있지 않습니까? 사람이 절실해지면
길이 열리더군요. 무슨 일이든 정신집중하면 길이 보이고
노력 안 하면 길이 안 보이는 것 같더군요. 창업 무렵엔 공장도
없었고 뛰어다니며 사다 나르며 팔아야 했어요. 한성실업 때도
7년 동안 아침 새벽부터 통금까지 일했습니다. 월급쟁이 때부터
남보다 서너 곱은 될 만큼 바쁘게 뛰었습니다. 독립해서 나온 후에는
'잘해서 독립하더니 별수 없구나' 하는 말 안 들으려고 했어요.
믿을지 모르겠지만 창업 이후 지금까지 하루도 쉰 적이 없습니다.
일요일을 포함해서 말입니다. 결혼한 날도 여행이라고 가서
하룻밤 자고 그다음 날 오후에 올라왔습니다. 지금 생각해보니
그날밖에 쉰 날이 없었군요.

1985년, 《월간조선》 5월호, 김대중 출판국장과의 대담.

기업이라는 게 그렇습니다.

오늘을 보고 살면 편안하게 살 수 있지만

우리는 항상 내일을 보고 살아야 합니다.

앞을 향해 나가다 보면 때로 고통도 당하고 질시도 받곤 합니다.

그렇지만 선구자는 인내하는 과정에서

열매도 맺어지고, 꽃도 피고 그렇습니다.

1996년 1월 28일. 해외지사장 회의.

이제 장사가 옛날같이 견본 가지고 파는 것이 아닙니다.

지금은 물건을 사도록 만드는 것이 핵심입니다.

앞으로 세일즈의 최종은 외교, 즉 인간관계가 될 것입니다.

1985년 5월 23일. STORM '85 부서장과정 회장과의 대화.

흔히 많은 사람들이 이렇게 얘기합니다. '대우' 하면 "신화를 낳았다"
또는 "굉장히 급속한 성장을 했다" 이런 얘기들을 많이 하는데
저는 이렇게 생각합니다. 남들은 우리의 역사를 25년이라고 하지만
일한 양으로 보면 그것은 50년 이상의 세월이었다고 봅니다.
우리는 남들보다 두 배 이상을 일했기 때문입니다.
더욱이 그런 노력을 같은 마음으로 했기 때문에
오늘날과 같은 과학의 시대에도 신화가 가능했고
이런 초고속 성장을 하는 집단이 존재할 수 있는 것 아니냐 하는
생각을 합니다. 또 그것은 우리가 이해관계를 떠나 그때는
우리 경제가 발전해야 된다는 어떤 집념, 그리고 거기에 대한 열의,
이런 것들이 다 합쳐져서 가능했던 것이기도 합니다.
그리고 어떤 의미에서 보면 남들이 안 하는 수출을 해서
세계시장을 개척하겠다는 사명감이 있었고
또 앞서 얘기했듯이 시키지 않는 일도 각자 자기가 할 일을
하고 싶은 만큼 마음껏 했다는 것, 이런 것들이 기반이 돼서
오늘의 대우가 이룩되었다는 것을 여러분께 얘기하고 싶습니다.

1991년 7월 23일. 신입사원과의 대화.

과거나 지금이나 미래에도 기업을 하는 마음가짐은 변할 수가

없습니다. 항상 새로운 도전과 성취를 지향하는 열정이 있어야

사업을 할 수 있습니다. 어디에서 무엇을 하면 더 잘될까 하는

얄팍한 생각을 하기보다는 새로운 성취를 향해 끊임없이 연구하고

도전하면 어떤 사업이든 다 잘될 것입니다.

나는 이 세상에 사양 산업이란 없다고 얘기합니다.

시대마다 더 잘되는 사업도 있고 흐름과 유행에 따라

부침이 있을 수 있겠지만 안 되는 사업은 없다고

나는 분명히 말하고 싶습니다. '열심히 해서 안 되는 것이

어디 있겠는가?' 기업가는 바로 이런 자세로 접근해야 합니다.

그래야 한순간 한순간이 즐겁고 행복하고 보람으로

가득 찰 수 있습니다.

2016년 10월 11일. GYBM 연수생과의 대화.

자신감이 있으면 위기를 대하는 태도가 달라질 것입니다.

그러면 무엇이든지 긍정적으로 바꿀 수 있습니다. 자신감이 없기

때문에 매사를 부정적으로 보게 되고 결국은 극복하지 못합니다.

사람이 하는 일은 다 마음먹기에 달려 있습니다.

그래서 나는 위기를 위험과 기회의 합성어라고 봅니다.

위험하기도 하지만 기회일 수도 있다는 얘기입니다

2016년 10월 11일, GYBM 연수생과의 대화.

더 큰 목표, 더 높은 곳으로 나아가려는 정신자세와 마음가짐이

중요합니다. 나는 그것을 절실함이라고 표현합니다.

절실함은 목표를 달성하기 위해 최선을 다하는 마음이라 할 수

있습니다. 절실하지 않으면 중도에서 포기하기 쉽습니다.

이만하면 됐다고 안주하면 절대로 목표한 바를 이룰 수 없고

그런 습관이 들면 결국 타협하고 끝내는 핑계를 대면서

도전 자체를 하지 않게 됩니다.

2016년 10월 11일, GYBM 연수생과의 대화.

저는 불가능한 것은 없다고 봅니다.
다 가능하게끔 되어 있는데, 하지 않고 한 것처럼
포기하는 것이 제일 무서운 것입니다.

1998년 7월 31일, 관훈간담회.

10년 후에는 세상이 어떻게 변할지 항상 관심 있게 지켜봐야 합니다.

그래야 적기에 준비를 할 수가 있거든요.

변화가 생겨나기 시작한 후에는 대처하기 힘들어집니다.

그때는 이미 늦은 거지요. 앞으로 어떤 변화가 생길지에 대해 관심을

가지고 살펴보는 사람은 동시에 그 대비도 시작하게 됩니다.

그런 사람만이 변화 속에서 기회를 잡을 수 있습니다.

그러면 10년 앞을 어떻게 볼 수 있느냐?

절실한 마음으로 보면 누구나 다 보입니다.

소극적인 비관론자가 이제는 끝났다고 절망해버리는

바로 그 위기의 순간에 적극적인 사람은

기회와 희망을 포착하고 도전의 삽질을 시도한다.

그는 '위危' 속에서 '기機'를 보는 사람이다.

위기를 잘 이용할 줄 알아야 한다. 위기危機, Crisis라는

글자를 잘 들여다보라. 위危는 '위태로울 위'이다.

영어의 리스크Risk가 이 글자에 잘 어울린다. 그러나 기機는 어떤가?

기機는 '기회'를 나타내는 글자이다.

영어의 찬스Chance가 이 글자의 뜻을 분명히 해준다.

위기라는 단어는 이처럼 모순을 내포하고 있다.

위기라는 단어가 갖고 있는 부정과 긍정,

마이너스와 플러스의 공존에 주목할 필요가 있다.

위기는 두 가지 방향성을 동시에 가지고 있다는 암시를 준다.

위기석 상황이란 마이너스의 방향으로 물러설 수도 있고,

플러스의 방향으로 나아갈 수도 있는 상황을 말한다.

'나는 훌륭한 사업가가 되고 싶다! 나는 훌륭한 사업가가 될 것이다! 나는 훌륭한 사업가이다!' 그 신념은 내게 강철 같은 자신감을 부여해주었다. 특정한 종교의 신자는 아니지만, 나는 젊은 시절에 나를 매우 사랑하는 어떤 신이 있어서 뒤에서 나를 지켜주고 앞에서 나를 이끌어주는 것과 같은 뿌듯한 기분에 사로잡힌 적이 많았다.

⎟

겁을 모르는 자신감이야말로 젊음 하나 말고는 내세울 게 아무것도 없었던 시절의 나의 유일한 무기였다. 그리고 그 무기는 가장 성능이 우수하고 효과적인 무기였다는 사실을 솔직히 고백해야겠다.

나는 우리의 젊은 아들딸들이 무엇이든 할 수 있다는
신념과 자신감 넘치는 적극적 사고의 소유자가 되기를 바란다.
매사를 적극적이고 긍정적인 시각으로 바라보기를 바란다.
그런 사람에게 불가능이란 없다.
모든 영역에 가능성이 숨어 있는 법이다.
단지 그 가능성을 누구나 다 활용하지 못할 뿐이다.
성공한 사람들은 너나없이 그와 같은 숨은 가능성을
발굴해낸 사람들이다.

이건 도저히 불가능하다고 포기했더라면,
페니실린이 어떻게 만들어졌겠으며,
비행기는 어떻게 하늘을 날 수 있었겠는가?
불가능하지 않다, 해낼 수 있다고 믿었던
자신감에 찬 사람들이 있었기 때문에
역사는 여기까지 진보해온 것이다.

자신감에 넘치는 사람,
신념을 가지고 활기차게 인생에 도전하는 사람에게만
인생의 문은 열린다.

어느 분야에서나 어떤 상황에서나 한번 도전했으면
반드시 으뜸이 되어야 한다는 나의 신념은
방천 시장의 신문팔이 시절에 이미 생겼는지 모르겠다.
나는 이제껏 사업을 하면서 늘 으뜸이 되고자 애썼다.
그리하여, 물론 여기서 만족할 수는 없지만, 그런 대로
자랑할 만한 성과도 많이 거두었다.

으뜸이 되고자 하는 사람은 최선을 다한다.
그렇기 때문에 설혹 1등은 못한다 하더라도 2등은 할 수 있다.
그러나 처음부터 '나는 안 돼' '나는 무능해'
'나는 1등을 할 실력이 못돼' 하고 포기해버리면
그 사람은 어떤 일도 해내지 못하고 만다.

어떤 일을 하느냐도 물론 중요하다.

그러나 정말로 중요한 것은 어떤 일을 하느냐가 아니라,

그 일을 얼마나 최선을 다해서 열심히 하느냐이다.

정치를 하든 사업을 하든 또는 예술가가 되든 학자가 되든

정말로 자기가 택한 그 분야에서 으뜸이 되고자 노력해야 한다.

아무나 1등을 할 수 있는 것이 아니다.

목숨을 걸고 최선을 다해 살아온 사람만이

그 분야의 1등이 될 수 있다. 기적이란 없다.

우리는 경쟁 시대에 살고 있다. 아니 어쩌면 사는 것 자체가

경쟁인지 모르겠다. 1등은 언제나 한 사람뿐이다.

달리는 선수는 많지만 금메달을 목에 거는

선수는 한 사람밖에 없다. 앞서지 않으면 뒤처진다.

축구선수는 손을 쓰면 안 된다. 상대 선수를 발로 차거나

진로를 막아서도 안 된다. 그것은 반칙이다.

해서는 안 된다고 정한 규칙을 어기는 것은 페어플레이가 아니다.

축구에서처럼 인생이라는 경기에도 일정한 규칙이 있다.

우리는 모두 이 인생의 경기에 출전한 선수들이다.

그러므로 경기를 해야 한다. 경기를 하되 페어플레이를 해야 한다.

그러지 않으면 경쟁에 의미가 없다.

현대는 경쟁 시대이다.

그러나 갈등과 대립의 시대이어서는 안 된다.

경쟁을 통해 서로를 죽이고 없애는 것이 아니라,

서로 북돋아 주고 더불어 잘되어야 한다.

그럴 때 좋은 경쟁자는 친구보다 유익하고

스승보다 유익할 수 있다.

내가 잘되기 위해서 경쟁자를 없애는 것이 아니라,
나도 잘되고 상대방도 잘되도록
서로에게 자극과 격려를 하는 것이 경쟁의 근본 원리이다.
이처럼 경쟁은 생산적인 힘이고, 창조적인 에너지이다.

100리가 넘는 거리를 쉬지 않고 뛰어야 하는 마라톤 선수들의 경우,
곁에서 함께 달려주는 선수가 없으면 기록이 떨어진다고 한다.
서로 앞서거니 뒤서거니 하며 달려갈 때 경쟁 선수로부터
자극을 받아 훨씬 좋은 기록을 내게 된다는 것이다.
그들은 경쟁을 한다. 한 선수가 상대방을 앞서 나가면 조금 있다가
뒤처졌던 선수가 다시 앞으로 뛰어나간다.
결국 그들은 좋은 기록이 나오도록 서로를 북돋아준 셈이 된다.

경쟁이 지나쳐서 갈등과 대립으로 바뀔 때
그 생산적인 힘과 창조적인 에너지는 사라지고 만다.
공존과 공영의 바탕이 무너지는 것이다.
혼자 잘살려고 다른 사람을 파괴시키는 것은
결국 스스로를 파멸로 이끄는
길임을 알아야 한다.

여러분에게 참으로 좋은 경쟁자가 있는가?

이 치열한 경쟁 시대에 사는 여러분에게 자극을 주고 활력을 주어

더 열심히, 더 치열하게 공부하고 일하게 만드는

그런 경쟁자가 있는가? 다시 말하지만

그런 경쟁자는 시답잖은 잡담이나 주고받는 친구보다

훨씬 유익한 친구이다.

경쟁자와 함께 달려가라.

아니, 여러분 스스로 상대방에게

좋은 경쟁자가 되도록 하라.

그러면 서로가 경쟁자 없이 혼자 달리는 것보다

훨씬 좋은 미래에 이르게 될 것이다.

세상에서 가장 어려운 일이 아무 일도 하지 않고 가만히 있는
것이라고 나는 생각한다. 어떤 사람은 그 상태를 '휴식'이라고 말할지
모르지만, 나는 그런 식의 휴식보다 차라리 힘든 일을 택하겠다.
움직여야 한다. 무슨 일이든 해야 한다.
그러다 보니 자연히 일을 만들어내게 된다.

이 좁은 땅덩어리 안에서 '나'니 '너'니 해가며 다툴 것이 아니라,
'우리'로서 하나가 되어 파이를 크게 만들어야 한다.
그러면 더 큰 파이를 저마다의 몫으로 나누어 가질 수 있을 것이다.
넓고 크게 살도록 하자. 저 넓고 큰 세계로 눈길을 돌리면
'나'와 '너'는 사라지고, '우리'가 된다.

내 경험에 의하면 한국인은 다른 나라 사람들보다

머리가 매우 좋다. 부지런하고 승부욕도 강하다.

세상 어디에 가더라도 절대로 경쟁력이 뒤지지 않는다.

그러니 젊은이들이 얼마든지 자신감을 가져도 된다.

아무리 어렵더라도 자신감을 가지고 대처하면

반드시 좋은 성과를 만들어낼 수 있다.

세계가 이웃처럼 가까워졌다.

일본 정도는 당일로 다녀올 수 있게 되었다.

이 좁은 땅덩어리에서 아웅다웅하는 것은

우물 안의 개구리나 마찬가지이다.

높은 데 올라가서 아래를 내려다보면 세상은 얼마나 넓은가?

우리가 사는 땅덩어리는 그에 비해 또 얼마나 초라한가?

높이 나는 새가 멀리 본다.

세계에 나가 보면 안목이 훨씬 넓어지고

편협한 이기주의를 극복할 수 있게 된다.

4

희생

자기희생을 모르는 사람은 리더가 될 수 없다

같이 사는 세상, 더불어 사는 세상을 만들기 위해서
젊은 여러분은 이기주의의 참담한 늪 속에 빠지지 말고
서로를 믿으며 이웃의 이익을 같이 생각하는 사람이 되어야 한다.
그런 세상은 얼마나 아름답겠는가.

아무리 많이 가지고 있다 하더라도 움켜쥐고 쓸 줄을 모른다면
그 사람을 어찌 부자라고 할 수 있겠는가. 진정한 의미에서 부자는
많이 가지고 있는 사람이 아니다. 많이 주는 사람이다.
줄 수 있는 사람은, 그런 여유가 있는 사람은, 그가 가지고 있는
재산의 많고 적음과 상관없이 부자인 것이다.

나는 혼자 사는 존재가 아니라는 것,
나는 언제나 다른 사람과의 관계 속에 있다고 하는 것을
기억해야 한다.

더불어 산다고 하는 것은 더불어 존재할 뿐 아니라,
또한 더불어 번영하고 더불어 발전해야 한다는 원리이다.
이것을 흔히 '공존공영共存共榮'이라고 말한다.
공존공영은 나의 경영 철학이기도 하다.

아무도 가르치지 않으므로 내가 말하려는 것이다. 내일을 위해
희생하고, 공동체를 위해 헌신하라고 말이다. 제멋에 사는 것도
보기 좋지만 대의를 위해 제멋을 포기하고 사는 삶은 더욱 가치가
있다. 우리 세대는 기꺼이 땅에 떨어져 죽어야 할 희생의 세대이다.
우리 세대가 기울인 희생의 열매들을 여러분이 거둘 것이다.
그리고 기억해야 한다. 우리 세대가 여러분에게 그랬듯이
젊은 여러분 또한 다음 세대가 풍성한 열매를 거둘 수 있도록
기꺼이 '썩어야 할' 세대임을.

지도자가 '맑아야' 그 사회의 강물이 맑다. 따라서 한 사회가 얼마나
맑은지는 지도자가 어떤 본보기를 보여 주느냐에 따라 결정된다고
해도 지나치지 않다. "윗물이 맑아야 아랫물이 맑다"라는 말은,
지도자의 역할을 강조한 것이라고 할 수 있다.
대중을 일깨우고 더 살기 좋은 사회를 만들기 위해서는
용기 있고 사명감에 투철한 지도자가 있어야 한다.

아무나 지도자가 될 수 있는 것은 아니다.

하지만 지도자는 반드시 필요하다.

지도자는 너무 많아서도 안 되고 너무 적어서도 안 된다. 너무 많으면
배가 산으로 가고, 너무 적으면 배가 움직이지 않게 된다.

어떤 일이든 마찬가지지만 자질과 능력이 있는 사람이 지도자가
되어야 한다. 자질과 능력을 갖추지 못한 사람이 지도자가 되면
사회를 벼랑으로 몰고 갈지도 모른다.

지도자는 리더십이 있어야 한다. 집단의 구성원들을 설득하고
조직하여 번영과 발전의 길로 이끌 수 있어야 한다.

지도자는 여느 사람보다 능력이 뛰어나야 한다. 한 집단이
지도자를 필요로 하는 까닭은 바로 그 때문이다. 지도자가 있는데도
지도자가 없을 때와 다름없다면, 지도자를 내세울 필요가
없을 것이다. 지도자에게 요구되는 강력한 리더십,
그것은 곧 그 집단의 모순과 비능률을 효과적으로 시정하고,
집단의 에너지를 번영과 발전의 길로 몰아갈 줄 아는 능력을 뜻한다.

우리가 지도자에게 요청하는 또 한 가지 중요한 것은 철저한 소명의식이다. 지도자는 자기의 일을 하늘이 준 직분으로 여겨야 한다. 그 일을 위해 태어났다고 생각해야 한다. 그 일을 위해 살다가 죽어야 한다고, 그것이 하늘로부터 받은 자기의 사명이라고 여겨야 한다. 이와 같은 소명의식이 없는 사람이 지도자가 될 때, 비리를 범하게 된다. 그런 지도자는 막중한 책무는 외면한 채 막강한 권한만을 휘두르게 된다. 그런 지도자가 이끄는 집단이 건전할 까닭이 없다. 일에 대한 투철한 소명의식 없이 그저 자기의 이익만을 추구하는 사람은 지도자의 자격이 없다.

리더십은 그냥 생기는 것이 아니다. 높은 자리에 앉았다고 해서 그냥 생기는 것이 아니다. 그것은 철저한 소명의식과 자기가 속한 집단을 위해 자기를 내어줄 준비가 되어 있는 희생정신을 가진 사람에게만 생긴다는 사실을 알아야 한다.

한 집단의 지도자가 된다는 것은 바로 가시밭길로 들어선다는 것을 뜻한다. 사생활과 좋아하는 것, 심지어 가족까지도 희생할 수 있는 사람만이 지도자가 될 수 있다. 한 나라의 지도자만 그런 것이 아니라 아무리 작은 집단이라 하더라도 '지도자'라고 불리는 사람에게는 이와 같은 희생의 각오가 있어야 한다. 그렇기 때문에 아무나 지도자가 될 수 없는 것이다. 지도자가 되는 길을 택하든, 택하지 않든 그것은 스스로의 결단에 달려 있다.

다른 개인들의 안락을 보장해줄 뿐 아니라, 그 집단을 바른 길로 이끌기 위해서 개인적인 안락을 포기하는, 누군가가 있어야 하지 않겠는가? 적어도 지도자라고 불리기를 원한다면 그만한 희생쯤은 각오해야 하리라.

지도자가 추진력 있는 리더십을 가지고 한 집단과 그 집단의

구성원들을 잘 이끌 때, 그리고 그가 철저한 소명의식과

희생정신으로 도덕적인 무장을 했을 때, 그 지도자는 사람들로부터

존경을 받게 된다. 지도자는 존경을 받아야 한다.

독재자와 지도자는 여기서 구별된다. 사람들은 독재자를 두려워하고

그래서 복종하지만 존경하지 않는다.

사람들은 지도자를 두려워하지는 않지만 존경하고 따른다.

존경을 받을 때 비로소 참된 권위가 생긴다.

모든 개인은 자기 삶의 지도자이기도 하다.

그 누구도 나의 삶을 대신 살아주지는 않는다.

그런 점에서 우리는 누구나 자기의 삶에 대한 지도자이다.

따라서 앞에서 내가 이야기한 지도자의 조건은

모든 사람에게 다 해당된다고 봐야 옳다.

역시 리더라는 것은 자기희생을 할 줄 모르고는 리더가
될 수 없다고 봅니다. 그래서 우리 회사에 대해서도 정말
자기희생을 할 수 있는 사람을 최고 점수를 주어서 결정하고
있습니다. 남을 위해서 살 줄 모르는 사람은 리더가 될 수
없습니다. 자기 할 것 다하고 어떻게 리더가 되겠습니까.
물론 참모는 될 수 있을 것입니다. 부장, 차장까지는 할 수
있습니다. 그렇지만 최고의 리더는 자기의 희생을 감수할 수
있을 때만 조직을 이끌어나갈 수 있다고 봅니다.

1984년 2월 27일, 관훈토론회.

내가 경험한 바로, 리더는 고달픕니다. 예를 들어서 요즘
대통령 되고 싶은 사람들 많은데 옳게 대통령을 하려면 대통령이
되는 것은 고난의 길로 들어간다고 생각하고 해야 합니다.
그것 없이 하다 보니까 문제가 자꾸 생기는 것입니다.
그렇게 해서 통하는 세상도 있긴 하지만 오래 못 갑니다.
따라서 어떤 각오가 없이는 리더가 될 수 없는 것입니다.
자기 취미생활하고 친구 사귀고 가정에 충실하면서
어떻게 회사 일을 남보다 더 많이 생각하고 남보다
더 잘 이끌고 나갈 수 있겠습니까? 자기가 골프 치면서 아랫사람이
골프 치는 걸 욕하는 건 있을 수가 없어요. 어떤 큰 꿈을 실현할
생각이 있는 사람은 아예 지금부터 고난 속으로 들어가겠다는
생각으로 임해야 할 것입니다. 그렇다고 해서 그것이 가정을
희생하라는 것은 절대 아닙니다. 길게 보면 그런 자세가
결국은 자기 자신을 위한 것이 되기도 합니다. 지금 자신을 내던져
남을 위하고 또 모범을 보인다면 그 결실은 결국 자신에게 돌아옵니다.

1991년 7월 23일. 신입사원과의 대화.

그래서 내가 여러분께 말씀드리고 싶은 것은 편안하게,

가정 중심으로 자신에 충실하게 살아가는 것이

좋다고 생각하는 사람은 그렇게 하라는 것입니다.

그 대신 회사에서는 과장이나 부장까지만 하겠다고

생각해야 합니다. 만일 더 올라갈 생각이 있으면

그때는 즐기고 싶은 마음을 자제하고 남보다 희생적으로

더 노력해야 합니다. 자신이 어떤 것을 좀 희생하더라도

열심히 일해서 리더십을 확보했을 때 그 사람은 회사 내에서

빨리 크게 됩니다.

리더가 되려면 설대적으로 모범을 보여야 됩니다.

이것이 굉장히 중요합니다.

모범을 보이는 것은 자기희생 없이는 결코 될 수가 없습니다.

선택은 여러분한테 달려 있습니다.

예를 들어서 '나도 한번 해보겠다'는 생각을 가지고
'나도 회사 사장이 되겠다' '나는 나중에 독립해서 뭐가 되겠다' 하는
꿈을 가진 사람들은 이를 위해 모범을 보이고 다른 욕망을 자제할 줄
알아야 됩니다. 자신이 모범이 되고 또 다른 사람들을 위해 희생하지
않으면 누가 따라오겠습니까? 절대로 따라오지 않습니다.

나는 지금도 회사에는 내가 제일 먼저 나와야 된다고 생각하고
있습니다. 그것은 내가 해야 할 당연한 의무라고 생각하기
때문입니다. 또 내가 제일 열심히 일해야 되고, 하고 싶은 것이
있어도 남들이 싫어하면 안 하겠다고 항상 다짐합니다.

사람이 그렇지 않습니까? 하고 싶은 것을 모두 다 하면서
뭘 이룩할 수 있겠습니까? 친구 사귈 것 다 사귀고,
가정에 충실할 것 다 하면서 어떻게 리더가 되느냐 이겁니다.
그건 있을 수가 없는 일입니다.

1991년 7월 23일, 신입사원과의 대화.

일이라는 것은 그래요. 이미 여건이 되어 있는 데서 하는 것은 누구든지 할 수 있어요. 새롭게 여건을 만들어서 창조해서 갈 수 있도록 하는 사람이 결과적으로 보면 지도자라는 것입니다.

그렇게 우리가 가야지, 있는 사항을 그대로 억셉트accept하고 그대로 간다면, 우리나라는 오늘 같은 경쟁사회에서는 완전히 죽고 말지 살아갈 수조차 없을 겁니다. 그렇기 때문에 우리는 이것을 만들어서 그것을 해가야지, 만들지도 않고, 되는 것도 안 된다고 포기하고, 이런 것이 제일 나쁜 것이 아니냐. 해보지도 않고 안 된다고 생각하는 그 자체가 굉장히 나쁘다고 생각합니다.

1998년 7월 31일. 관훈간담회.

우리가 어떻게 여기까지 왔습니까? 우리 세대는 정말로
열심히 일했습니다. 새벽부터 밤까지 열심히 했습니다.
무엇이 있었습니까? 선생이 있었습니까? 돈이 있었습니까?
기술이 있었습니까? 그 속에서도 살아남아서 여기까지
왔는데 지금은 다 있어요. 지금은 없는 게 아무것도 없다
이거예요. 여기서 우리가 주저앉는다는 것은 말이 되지
않습니다. 정신만 차리면 얼마든지 극복할 수 있습니다.

1998년 4월 21일, 재외공관장회의 경제연찬회.

내 생활을 가만히 들여다보면 나는 나보다 남을 위해 살아온 것이

아닌가 하는 생각이 듭니다. 6·25 때는 집안을 먹여 살렸고,

기업도 나보다는 남을 먹여 살리기 위해 하는 것이 아닌가 싶어요.

아침에 일어나면 피곤하고 죽을 지경인 때가 많았습니다.

그러나 무슨 강박관념, 의무감 같은 것 때문에 눈에 안약을 넣으면서

일어나 출근합니다. 출근 때 직원들이 쏟아져 들어오는 것을 보면

가슴이 막힐 만큼 답답합니다. 직원이 월급쟁이만 8만 명,

일용근로자까지 합치면 자그마치 12만 명입니다 식구들까지

계산해보면 50만 명이 나한테 매달려 있구나 하고 생각해보십시오.

저 사람들이 나 믿고 회사 믿고 나오는 것이기 때문에 실망시켜서는

안 되겠다는 생각이 가슴을 억누를 때가 많아요.

그래서 뛰고 또 뛰는 거죠.

1985년, 《월간조선》 5월호, 김대중 출판국장과의 대담.

제가 처음으로 경영자상을 받은 것이 1973년도였습니다.

처음 시작할 때는 저도 크게 되겠다는 생각은 없었습니다.

하다 보니깐 생각보다는 빨리 가고, 또 주위에서 잘한다고 그러고

상도 주고 하다 보니까, 이제는 잘못해서는 큰일 나겠다는

압박감에서 더욱 열심히 일을 하게 됐습니다. 이게 바로 사회발전에

굉장히 중요하다고 봅니다. 나쁘다고 매일 꾸중할 게 아니라,

잘하는 사람은 잘한다고 조금씩이라도 북돋아 주면 그 사람은

엄청난 리더십을 발휘할 것이라고 봅니다.

1984년 2월 27일. 관훈토론회.

섬유할 때 저는 늘 "남들 먼저 팔게 해주라"라고 얘기했습니다.

왜냐하면 같이 팔게 되면 경쟁이 돼서 제값을 받지 못 합니다.

그래서 없는 사람들 먼저 팔게 놔두고, 어느 정도 지나서 우리가

달려듭니다. 이렇게 해서 업계가 모두 가격을 정당하게 받도록

유도했습니다. 지금도 마찬가지로 우리는 제일 나중에 팝니다.

1984년 2월 27일. 관훈토론회.

내가 사업을 하면서 생각하는 것은 거래하는 상대방과 이익을
함께 나누겠다는 것입니다. 즉 50 대 50으로 나눈다는 생각으로
상대편에게 배려하는 것입니다. 이것이 누적되면 큰 신뢰가
생깁니다. 이익이 100인데 내가 95를 가지면 다음에는 아무도
상대해주지 않습니다. 반면에 이윤을 함께 나누면 상대방도 이익이
생기니까 다음에도 계속 거래가 이어질 것입니다.
그렇게 한 번만 더하면 결국 한 번 거래할 때 이득을
모두 가지는 것보다 오히려 더 많은 이익을 얻게 됩니다.
또 한 번 거래가 이어지면 1.5배가 되고
다시 한번 더 거래하면 2배가 되는 것입니다.
그러므로 이윤을 함께 나누는 것이 결과적으로는
가장 현명한 방법입니다.

1985년 1월 16일. 신입사원과의 대화.

도대체 사람의 행복은 어디서 오는 것일까? 나는 잘 모른다.

그러나 내가 분명하게 대답할 수 있는 한 가지 사실은,

그것이 내가 소유하고 있는 재산의 양이나

내가 확보하고 있는 권력이나 명예 따위와

크게 관련이 없다는 것이다.

모든 사람은 행복한 삶을 원한다.

그것은 너나없이 모두 마찬가지이다.

그러나 우리는 어떻게 해야 행복해지는지를 모른다.

나도 물론 잘 모른다. 다만 내가 아는 것은

자기 자신이 아니라 남을 위해 살 때,

남을 사랑할 때 행복이 움튼다는 사실이다.

사람이 잃어버려서는 안 되는 것들이 많이 있지만
그중에서 으뜸가는 것은 이름, 즉 명예이다.
목숨을 잃어버리는 것이 개인적인 죽음이라면,
명예를 잃어버리는 것은 사회적으로 죽는 것과 다름없다.

돈은 잃어버렸다가도 다시 벌 수가 있고 또 돈이라는 건

원래 쓰도록 되어 있기 때문이다.

그러나 명예는 함부로 잃어버려서는 안 된다.

그것은 그 사람이 사회적으로 죽는 것을 의미한다.

명예를 목숨처럼 소중하게 여겨야 하는 까닭이 여기에 있다.

제 이름을 더럽히는 것은 어리석은 일 중에서도 가장 어리석은

일이다. 명예를 잃는다는 것은 바로 이름을 더럽힌다는 말과 통한다.

명예를 지킨다는 것은 바로 이름을 품위 있게 유지한다는 말과

통한다. 그리고 한 번 잃어버린 이름, 즉 명예는 회복하기가

매우 어렵다는 것을 알아야 한다.

엄청나게 많은 재산을 소유하고 있다 하더라도 그 사람이 남을
위해서 한 푼도 내놓지 않는다면 그 사람은 부자라고 부를 수 없다.
그 사람보다 가난하다 할지라도 남을 위해서 제 소유를 잘 사용한
사람이 있다면 그 사람이 오히려 그만큼 더 부자라고 말해야 옳다.

성취감이 주는 기쁨은 그까짓 재산이 늘어나는 것에 비길 바가
아니다. 모두들 불가능한 것처럼 고개를 절레절레 흔드는 일을
마다 않고 달려들어 이루어냈을 때, 험한 해외시장에서 다른 나라
상품과의 경쟁에서 이겼을 때 느끼는 성취의 기쁨이야말로 나를 더욱
열심히 일하게 만들고 삶의 의미를 느끼게 만드는 참된 원동력이다.

세상은 이기주의가 팽배할 때 항상 소란스럽다.
서로 다투어 자기 것을 챙기려 할 때 평화는 깨지기 마련이다.
개인의 이기심이 사회를 어지럽히고 국가의 이기심은 전쟁으로
비화돼온 것이 역사가 주는 교훈이다.

어떤 일이든지 결국 마지막 판단은 경영자 스스로가 내려야
한다. 내가 수많은 동료와 함께 일하면서도 가장 외로움을
느끼는 순간이 바로 이 마지막 판단을 내려야 하는 때이다.

그들은 내게 많은 정보를 제공하고 또 도움말을 해주기도 한다.
그러나 판단까지 그들이 해주지는 못한다. 그것은 그만큼의 책임이
따르기 때문이다. 내 책임을 남에게 떠넘길 수 없듯이
마지막 판단을 남에게 떠넘길 수는 없는 것이다.

경영자라면 누구나 마찬가지겠지만 어떤 분야에서 앞으로 경쟁이
가능하겠느냐 하는 답변은 자기가 직접 찾아야 됩니다.
세계 각지를 돌아다니면서 미리 봐두면 다음에 우리가 그런 분야를
하게 될 때 경쟁력이 있겠는지 판단하기 쉬워집니다.

1997년 7월 25일. 전경련 하계 세미나 특별 강연.

나는 부자로 남기보다 멋진 경영인으로 평가받고 싶습니다.

나는 열심히 버는 데는 자신이 있지만 잘 쓰는 일은

다른 전문가가 해야 한다고 생각합니다. 대우재단은 내가 주식을

내놓아 설립된 것인데 지금은 재산이 500억 원 정도 될 것입니다.

나는 없어지더라도 대우재단의 이름은 영원히 계속될 것입니다.

돈을 벌겠다는 마음부터 비워야 합니다. 오너가 자기 호주머니의

돈만을 계산하고 거기에 연연하면 절대 성공하지 못합니다.

그때부터 사양길로 들어선 것이나 마찬가지입니다.

한마디로 재산에 얽매여 있으면 인생 말로가 지저분해지고 사업에

대한 자신감도 없어집니다. 재산이 100억 원이 넘어가면 그때부터는

자기 재산이 아닙니다. 사회의 것이죠. 자신의 재산을 비롯해

모든 것을 내던지면 사업은 저절로 성공하고 돈도 따라오게 됩니다.

1995년 9월 16일, 《조선일보》 인터뷰.

사람은 모든 것을 다 잘하지는 못할 것입니다.

사람은 무한한 것 같으면서도 어떤 한계가 있습니다.

잘 버는 사람은 잘 버는 소질이 있고,

잘 쓰는 사람은 잘 쓰는 소질이 있는 것입니다.

잘 버는 사람이 잘 쓴다고는 생각하지 않습니다.

그렇기 때문에 내가 번 돈은 내가 쓰겠다는 생각은

해본 적이 없습니다. 내가 번 돈은 잘 쓸 수 있는 사람을 찾아서

쓰도록 해주어야지 잘 쓸 수 있는 것입니다.

저는 항상 이러한 논리를 가지고 있습니다.

그래서 학교라든가 문화재단이라든가 언론재단이라든가

또 병원 등을 운영하지만, 쓰는 데 관해선 제가 간섭을

한다든가 하는 그런 것은 일절 없습니다.

재단에 있는 돈을 다 쓰고 더 쓰겠다고 할 때 내가 줄 수 있느냐,

없느냐는 것이 문제이지, 그 이상의 것은 제가 여태까지

한 번도 어디에 얼마를 어떻게 썼는지를 보고받은 적이 없습니다.

(…) 우리나라에는 기초학문이 없습니다.

어떻게 해서든지 기초학문을 빨리 육성시켜야 되겠다는 뜻에서

그 돈은 가급적이면 어떤 과목이라도 좋으니

기초학문 발전에 써달라고 했습니다.

꼭 기술 쪽이 아니더라도 사회적인 것도 좋고

문화적인 것도 좋고 무엇이든지 좋으니,

반드시 기초학문 쪽에 좀 더 써달라고 부탁을 했는데,

저는 이것이 충실히 시행되고 있는 걸로 알고 있습니다.

1984년 2월 27일. 관훈토론회.

한국의 급속한 경제발전은 누구도 부인하지 않습니다.

그렇다면 그 비결이 무엇이었는지 생각해볼 필요가 있습니다.

우선 저나 여러분이 함께 추구했던 적극적인 해외 진출과 시장

개척을 얘기할 수 있습니다. 맞는 말이고 매우 중요한 비결이지만

이보다 더 근본적인 것이 또 있습니다. 그것은 사람입니다.

우리에게는 사람 그 자체가 경쟁력이었습니다.

그러니 미래에도 기업가정신이 충만한 사람을 더 많이 키우고

이를 통해 발전 기회를 만들어야 합니다.

기업과 국가가 항상 여기에 주목할 필요가 있는 것입니다.

2015년 10월 19일, 싱가포르, 세계한인경제인대회 개회식 특별 강연.

세계 전체가 경쟁의 격화로 치닫다 보니 이제 성장과 발전이라는
개념까지도 그 자체의 뜻으로 해석되기보다는 상대적인 의미를
보다 강하게 띠게 되어버렸습니다. 다시 말씀드려, 우리가 작년에
비해 얼마나 성장했느냐 하는 것보다는 우리가 경쟁국보다 얼마나
더 성장했느냐가 더욱 중요한 의미를 갖게 되었다는 것입니다.
만일 이러한 추세가 더욱 심화되어 간다면 우리는 머지않은 시기에
자체의 실패에 의해서가 아니라 경쟁에서 뒤처져 국제사회에서
도태되는 국가를 실제로 목도하게 될 것입니다. 최근 들어 소련이나
동유럽의 공산권 국가들이 개혁의 목소리를 높이고 있는 것
역시 더 이상 국제 경쟁에서 뒤처지면 국가의 존망마저도 위태롭게
된다는 심각한 위기의식을 절실하게 느끼고 있기 때문입니다.

1990년 4월 24일. 사법연수원 초청 강연.

우리가 다시 한번 분위기를 조성해서 우리 힘으로

해결할 수 있는데 왜 안 하느냐는 것입니다.

신문에선 그냥 나쁜 것만 적어 대고, 국민들은 나쁘다고만 하고

죽기 살기로 서로 간에 이런 식으로 해서야 과연 되겠느냐

하는 것을 한 번 더 생각해봐야 합니다.

제가 나이도 어린데 선배님들께 이런 말씀을 드린다는 것이

실례가 되는지도 모르겠으나, 내 생각 같아선

가능성이 있다는 것입니다. 우리도 노력만 한다면

충분한 가능성이 있는데, 될 수 있는데 안 하는 것은 태만입니다.

그것은 진짜로 무서운 병인 것입니다.

1984년 2월 27일, 관훈토론회.

세계적 지도자들을 만나면서 지도자가 갖춰야 덕목에 대해
많은 생각을 할 수 있었습니다. 나름대로 훌륭한 지도자상을
정리하게도 되었습니다. 그것을 세 단어로 압축한다면 비전, 용기,
희생정신입니다. 제가 느낀 것은 바로 훌륭한 지도자는 훌륭한
국가를 만들고, 위대한 국민이 위대한 지도자를 창조한다는
것이었습니다.

1992년 10월 25일. 전남대학교 최고경영자과정 초청 강연.

역사에서 보면 발전은 앞선 세대가 자기희생을 통해 이룩한 결과를
다음 세대가 계승·발전시켜온 것이라 할 수 있습니다. 최근의 우리
역사에서 첫 희생 세대는 애국계몽 운동가, 제2세대는 독립운동가들,
제3세대는 건국 주역들이라 할 수 있고 제4세대는 밥을 굶으면서도
못 배운 한을 풀기 위해 고생하며 교육이라는 위대한 유산을 물려준
우리 앞 세대, 그리고 제5세대는 경제발전의 기틀을 다진 현재의
우리 세대라 할 수 있습니다.

1987년 6월 23일. 경찰대학교 학생들과의 대화.

우리 세대는 희생의 세대이다. 나는 한 세대의 희생 없이는 그 나라의
발전과 번영이 이루어질 수 없다. 우리나라가 지난 60년대 이후
20년의 짧은 기간 동안 이만한 발전을 이룰 수 있었던 원동력은 뭐니
뭐니 해도 우리 세대의 희생적인 노력이라고 할 수 있겠다.

우리가 후손에게 개발도상국의 바통을 그대로 물려주지 않기
위해서 우리는 희생적으로 일해왔다. 그 결과 우리는 젊은 세대에게
선진국의 바통을 물려줄 수 있으리라고 희망해보는 것이다.

———

한 세대의 희생이 없이는 다음 세대의 발전과 번영을
약속받을 수 없다. 자녀들을 위해 희생적으로 일하고 가르친
부모를 둔 2세들은 행복하다. 그들은 부모가 투자한 땀과 눈물의
대가를 기쁨으로 거둘 것이다.

반대로 게으르고 무책임한 부모를 둔 2세들은 불행하다.
그들은 부모가 탕진한 시간과 재산의 대가를
슬픔으로 거두게 될 것이다.

오늘날 국제 사회에서 제법 잘 산다고 명함이라도 내놓을 수 있는

나라들은 모두들 하나같이 한 세대의 희생 위에 서 있다.

흔히들 독일의 부흥을 가리켜 '라인강의 기적'이라고 말한다.

하지만 기적이라니? 기적이 어디 있단 말인가?

그들의 부흥이 기적이라면 그 기적은 전쟁에 패해 깡그리 망가져버린

독일 사회를 다시 일으키고자 밤낮없이 울려 대던 건설의 망치

소리가 만든 것이다. 그 망치 소리는 바로 희생의 소리이며,

그 희생의 소리야말로 전후 독일을 풍요롭게 만든

원동력이었음을 기억해야 한다.

희생이란 자기만을 생각하는 마음에선 생겨날 수 없다.
희생은 자기보다 남을, 오늘보다 내일을, 사리사욕보다 공동체의
이익을 먼저 생각할 때만 가능하다. 희생은 그런 점에서
이타주의의 극치이다.

앞선 세대는 다음 세대를 준비해야 한다는 의미에서 볼 때
모든 세대는 희생 세대라고 말할 수 있다.
희생의 세대는 만족을 자제할 줄 알아야 한다.
우리가 미리 만족해버리면 우리의 다음 세대가
만족할 만한 생활을 누릴 수 없게 되어버릴지 모른다.

할아버지가 심은 과일 나무에서 손자가 열매를 따먹는 법이다.
스스로 따먹을 수 없다는 이유로 과일 나무 심기를 꺼리는 사람이
있을까? 만약 그렇다면, 그렇듯 당대만을 생각하여 과일 나무를
심지 않으려 한다면, 이 땅에 사과나무 한 그루라도 제대로 자랄 수
있을까? 우리는 설혹 우리 세대에 그 과일을 따먹지 못할지라도
기꺼이 나무를 심는다. 나의 후손들이 내가 심은 나무에서
사과를 따먹으며 이 할아버지의 뜻을 생각하고 되새긴다면
그 얼마나 즐겁고 가슴 벅찬 일인가?

희생의 세대는 역사적 소명의식을 느낀다. 그것은 이 사회,
이 나라를 풍요롭고 살기 좋게 만들어야 한다는 다부진
의지이다. 선진국들을 따라잡아야 한다는, 그래서 우리
다음 세대에게 풍요와 긍지를 심어주고 말겠다는 각오이다.
희생의 세대는 스스로를 위해서는 아무것도 바라는 것이 없다.
그저 일할 뿐이다. 그저 희생할 뿐이다.

2부
김우중, 그 사람

장형 같은
사람

유춘식

내가 대우가족이 된 이야기를 시작하려면 언제부터 해야 할까?
세월을 아주 많이 거슬러 올라가야 하는군요. 1984년이 낫겠어요.
내가 두바이 초대 지사장을 할 때이지요. 아무래도 대우가 수단이나
이란 쪽으로 사업을 확장해 나가는 시기였고, 두바이가 경유지가 되는
경우가 많았어요. 나는 자연스럽게 회장님을 비롯한 대우의 중진들을
뵐 기회가 많이 생겼지요. 노력을 해도 만나기 힘든 분들인데,
내가 두바이에 있다는 이유만으로 뵐 수 있으니 행운이었죠.
행복한 마음으로 의전을 감당했어요. 하지만 마음 졸이는 일도
많았어요. 특히 이란으로 갈 때는 마음을 졸일 수밖에 없는 구조였어요.
이란으로 갈 때 두바이를 경유하면 꼭 비행기가 밤 12시에 떨어지게

되어 있어요. 그러면 24시간 비자를 내줘요. 그다음에는 오후에
이란으로 가는 비행기가 있었죠. 그때 두바이 비자 제도가 이상해서,
내가 이민국에서 허가 사인을 받아야 해요. 소위 '스폰서 레터'라고
하는 건데, 이게 그 전날 내도 안 돼요. 꼭 비행기가 도착하기
10분 전에만 접수해주었지요. 그런데 비행기가 연착하면 받지를
않아요. 12시에 도착하기로 한 비행기가 12시 10분에 도착한다고
하면, 11시 50분에 받아주지는 않는 거예요. 마음을 졸일 수밖에 없는
구조잖아요. 그래도 어떡하겠어요. 로마에서는 로마법을 따라야죠.
비행기가 연착하는 걸 예상할 수 없으니 무작정 기다리는 수밖에
없는 거죠. 그래도 연착될 가능성이 있으면 미리 가서 기다리면 돼요.
그런데 회장님이 오셨을 때는, 거의 가능성이 없던 일이 일어났죠.

회장님이 시추장비 계약을 하려고 다른 중진들과 아부다비
국제공항으로 오셨어요. 혹시 불편한 일이 생길까 봐 나는 30분 전에
공항에 도착했어요. 그런데 비행기가 이미 30분 전에 도착한 거예요.
기류 때문에 빨리 도착한 거였는데, 지금까지 그런 일이 없었으니
미처 예상하지 못한 거죠. 마음 같아서는 바로 공항 밖으로 나오시게
하고 싶지만 그럴 수가 없었어요. 의전을 담당하는 나와 우리 직원만
도착했지, 가장 필요한 스폰서가 안 왔거든요. 스폰서가 와서 스폰서

레터를 작성해주어야 하거든요. 애가 타지만 달리 도리가 없죠.
그야말로 꼼짝할 수 없는 상황인 거죠. 유리창 안으로 회장님이
보이는데, 아무것도 할 수가 없고 기다릴 수밖에 없는 거예요.
얼마나 민망하던지….

회장님과 함께 온 홍인기 사장님은 우리를 보며 큰 소리로 묻는데,
소리는 안 들려도 대충 내용은 알아듣잖아요. 무슨 말이겠어요.
왜 나갈 수 없냐는 거죠. 조금만 더 기다려달라고만 할 뿐, 대답할 수
있는 다른 말이 없었죠. 정말 30분을 기다리는데, 한 3개월
같더라고요. 시간이 어찌나 느리게 가는지. 그래도 결국 시간은 가고
스폰서가 왔어요. 뭐라고 할 수 없죠. 그 사람 입장에서는 시간을
딱 맞춰서 온 거니까요. 그래서 빨리 좀 부탁한다고만 했어요. 그런데
이 사람은 또 삐딱하게 나오는 거예요. "대우그룹 회장이다" 했더니,
대우그룹 회장인 거를 뭘로 증명하냐고 시비를 걸더군요.
그래서 다시 잘 부탁하고, 허가가 나서 회장님과 홍인기 사장님을
모시고 나왔어요. 그런데 또 다른 문제가 생긴 거예요.
회장님은 내일 바로 계약하자고 하시는데, 상대측에선 내일 계약할 수
있을지 모르겠다는 거예요. 어찌나 심장이 뛰는지….

"계약은 어떻게 됐냐?"
회장님의 질문에 마음 졸이며 대답했죠.
"내일 할 줄 알았는데 아직은 미정입니다."

나는 회장님이 버럭 화내실 줄 알았어요. 나 같아도 그랬을 것
같았거든요. 그런데 회장님은 달랐어요. 대답을 듣고 참 대단한
분이구나 느꼈죠.

"중동, 다 그렇지 말이야. 걱정하지 말아라. 지금 안 하면 나중에
하면 되지, 하긴 하는 거니까."

참, 그 상황에 어떻게 화를 안 내고 그렇게 말씀하실 수가 있을까요.
아주 차분한 어조로 한 마디 한 마디 말씀하실 때마다 감동받았어요.
지금 생각해봐도 참 관대하셨어요. 열심히 안 하면 모를까,
열심히 하다가 실수를 하거나 생각대로 잘 안 되는 것에 대해서는
그저 넓은 마음으로 받아주셨어요.

뭐라고 표현할 수 있을까? 장형 같다고 할까? 요즘에는 장형이라는
말을 잘 안 쓰죠? 그런데 나는 '큰형'보다는 '장형'이라고 표현하고

싶어요. 회장님은 내가 생각하는 딱 '장형' 같은 분이셨거든요.
잘못한 것에 대해서는 호되게 야단치시지만, 실수에는 관대하게
넘어가주셨어요. 생각지도 않은 개인적인 문제들을 챙겨주시기도
하고, 격이 없고 편하게 대해주시던 분이었지요. 일할 때는
카리스마가 있으셨지만, 개인적으로 대해주실 때에는 한없이
따뜻한 분이셨어요.

두바이에 있었을 때 이야기를 한 가지 더 해볼까요? 두바이는
낮 1시부터 4시까지는 모든 게 다 멈춰요. 그 시간이면 편하게 밥 먹을
수 있는 식당이 없죠. 호텔 양식당 같은 데는 영업하지만 나머지는
다 문을 닫으니까요. 일을 처리하다 보면 12시에 밥을 먹기가 쉽지
않잖아요. 정신없이 일하다가 시간을 보면 1시가 넘을 때가 종종
있었어요. 회장님하고 같이 일을 할 때는 발을 동동 굴렀죠.
저야 한 끼 건너뛰더라도 회장님은 점심을 드시게 해야 하니까요.

어느 날, 또 1시가 넘어서 난처해하고 있었어요. 회장님이
대뜸 그러시더라고요. 너희 집에 가서 점심을 먹어도 된다고.
제 입장에서는 그저 감사한 말씀이었죠. 누추해서 죄송하기는 하지만,
다른 대안이 있지도 않으니까요. 그래서 집으로 모시고 가는데,

엘리베이터 안에서 생뚱맞은 질문을 하시는 거에요.

"빗 좀 있냐?"
"아니, 저희 집에 가시는데 뭐 하려고 빗으려고 하십니까?"
"야, 네 와이프 오래간만에 보는데, 아무렇게나 하고 가냐?"

그 말이 난 왜 그렇게 감동이었는지. 별것 아닌 것 같지만 회장님의
말이나 행동에는 따뜻함이 한껏 묻어나올 때가 많아요. 일하실 때를
제외하고는 정말 장형처럼 각 사람에게 관심을 많이 가져주시는
분이어서 그런 것 같아요.

폴란드에서 근무할 때도 회장님의 따뜻함을 느낄 때가 많았어요.
폴란드에서는 회장님과 같은 자동차를 타고 다닐 때가 많았는데
얼마나 편안하게 대해주셨는지 몰라요. 업무 얘기는 잠깐 하고
그저 친구 같고 형제 같은 대화라고 해야 할까, 일상적인 대화를 많이
나눴거든요. 어디 가서 밥을 먹었는데 거기가 참 맛있더라. 거기는
꼭 또 가고 싶더라. 이런 이야기들 있잖아요. 그냥 대화만 들으면
정말 편한 사람들이 나누는 것 같은 그런 대화를, 회장님과 나눌 수
있다는 것이 저에겐 행운이었지요.

한번은 우크라이나에 회장님을 모시고 갔어요. 폴란드에서 한국을
가시는 게 아니라, 또 다른 나라로 출장을 가시면 "바쁘지 않으면
같이 가자" 하셨거든요. 겨울이었는데 우크라이나 음식을 먹을 수가
없었어요. 러시아 음식이 국물도 밍밍하고 뜨겁지도 않고 기름기도
둥둥 뜨거든요. 겨울에는 더 먹기가 힘들어요. 그러니까 그쪽에 가면
매번 끼니가 걱정이죠. 그때도 그랬는데, 회장님과 둘이서 걸어가다
보니까 길가에서 목판 위에 고등어 몇 마리를 놓고 팔더라고요.

"회장님, 저것 좀 사다가 매운탕이라도 끓여 먹을까요?"
회장님은 씩 웃기만 하셨어요. 똑같은 맘이죠, 뭐. 그 밍밍한
국물보다는 나을 거라는 마음이요. 그래서 고등어를 사와서
러시아 지사에서 출장 온 친구에게 물었어요.

"이걸로 매운탕이나 찌개를 끓이면 좋겠는데, 잘 끓이냐?"
"네, 자신 있습니다!"

대답이 하도 우렁차길래 믿었죠. 하지만 그 믿음은 배신당했어요.
영 먹기 힘든 맛이더군요. 회장님도 그러셨겠죠. 그런데 그냥
"맛이 참…" 하면서도 웃으시면서 그대로 드셨어요. 그 모습을 보고

내가 따뜻해졌던 걸 보면, 그 친구도 회장님의 따뜻함을 똑같이
느꼈을 거예요.

일하실 때는 정말 프로였죠. 강단 있는 협상의 귀재랄까. 92년도인가,
93년도인가. 카자흐스탄공화국 대통령을 만나러 간 적이 있어요.
11시쯤 대통령하고 약속이 돼서 들어갔는데 여러 가지 얘기들을
하시는데, 본인이 시간이 좀 필요하다고 생각하셨나 봐요.

"내가 지금 밖에 나가서 볼일이 있으니까 이따 2시쯤 다시 만나죠."
나는 옆에 있다가 잘못 들은 줄 알았어요. 대통령한테 그렇게 말하기는
쉽지 않잖아요. 대통령도 어이가 없었던 건지 얼떨결에 그러자고
했어요. 회장님은 밖으로 나와서 나에게 묻더군요.

"야, 너, 점심 한 끼 안 먹어도 되지?"
"안 먹어도 되지요."
"그럼 지금 내가 이야기한 것 몇 가지를 편지로 써라.
나중에 2시에 갈 때 그걸 들고 가야겠다."
"네, 알겠습니다."
나는 급하게 받아 적으며 편지를 썼어요. 도대체 그런 생각이 어디서

나오는지 신기하기만 했죠. 그리고 회장님은 2시에 그 편지를 가지고
들어가셔서 다시 협상하셨죠.

폴란드에서 대통령을 만날 때도 여전히 강단 있는 모습을 보이셨어요.
대통령과 이야기를 나누다가 대뜸 대통령 비서실장에게
"우리 이야기 나누는 것 좀 사진 찍을 수 없냐?"라고 물으시더군요.
그 사진이 필요하다는 생각이 드셨던 거죠. 비서실장이 당황하니까,
"이런 거 너희들은 사진도 안 찍나?" 하고 다시 물으셨죠.
아마 "사진 좀 찍어주세요" 했으면 안 된다고 생각하셨을지도 몰라요.
회장님께서 너무 강단 있게 말하니까, 비서실장이 전속 사진사를
불러오더군요.

일하시는 모습을 보면 사업가, 프로, 전문가… 뭐 이런 수식어들을
다 붙여도 회장님 한 사람을 제대로 표현하기가 어렵죠. 하지만
그래도 나에게는 그저 '장형'이었어요. 대우 가족이라는 말이 바깥
사람들에게는 그저 수식어로 들릴지 몰라도, 대우 사람들은 정말
우리가 가족이었다는 걸 알거든요. 내가 '장형'이라고 하면 누군가는
어떻게 기업 총수가 장형 같을 수 있냐고 타박할 수도 있겠지만,
나는 당당하게 말할 수 있어요. 잘못한 건 따끔하게 혼내고 잘한 건

칭찬하고 믿어주며, 사람을 따뜻하게 챙기며 감동을 주는 그런
장형이었어요, 우리 회장님은.

유춘식은 경기고등학교, 서울대학교 금속학과를 졸업했다. 1966년 한국비료 입사 후 효성중공업
등을 거쳐 1977년 대우실업으로 자리를 옮겼다. 2000년까지 대우에 봉직하면서 (주)대우 부사장,
대우자동차 사장, 폴란드 DMP법인 대표, 폴란드 센트럼 대우(Centrum Daewoo) 대표, 대우FSO 사장
등을 역임했다. 2015~2016년 GYBM 인도네시아 과정 원장을 맡았다.

빠르고
다르고
바른 사람

남귀현

대우에 입사한 후 구매 업무를 처음 맡았어요. 옷을 만들 때 쓰는
부자재를 구매했지요. 셔츠 완제품을 만들려면 원단을 제외하고
부자재가 한 스무 가지 들어갑니다. 그중 한 가지만 공급이 안 돼도
생산라인이 멈춰요. 공급이 제때 잘 되지 않으면 배로 실어 와야 할
것을 비행기로 실어 와야 해요. 손해가 크죠. 그래서 자재가 굉장히
중요한 겁니다. 생산의 70퍼센트를 자재가 차지합니다. 그 중요성을
잘 알지만 정말 쉽지 않았어요. 당시 우리나라 자재 사정이라는
게, 원료는 전부 해외에서 가져와서 금형을 떠서 찍어냈었거든요.
아무리 열심히 일해도 공급을 못 맞춰서 생산라인이 멈추는 일이
비일비재했어요.

나도 그랬지만 회장님은 얼마나 더 속이 타셨겠어요. 토요일 오후마다
회의를 소집하시는 거예요. 자재 공급 회의죠. 회장님과 함께
구매부서 직원들이 쫙 앉아서 자재 리스트를 뽑아놓고 논의하죠. 이건
지금 오고 있다, 이건 내일 도착하면 늦는다, 이건 공급이 잘 됐다,
저건 공급이 어렵다…. 회의석상에서 논의된 내용으로 다시 이리 뛰고
저리 뛰는 겁니다. 회장님이 앞장서시고 직원들도 한마음이 되어서
정말 열심히 뛰었지요. 직원들이 그랬습니다. 우리 회장님 같은
분은 이 세상에 또 없다고. 회장이라는 자리는 이렇게 해라, 저렇게
해라, 지시만 해도 되는 자리잖습니까. 그런데 늘 본인이 제일 먼저
뛰셨어요. 그러니 직원들도 열심히 따라가지 않을 수 있겠습니까.

점점 공급 문제로 생산라인이 멈추는 일이 줄어들었고 수출은
늘어났어요. 뿌듯했지요. 1974년에 우리 회사가 수출 1억
달러를 달성했잖습니까? 상도 탔지요. 지금 떠올려도 굉장히
자랑스럽습니다.

"우리가 1년 동안 수출한 와이셔츠를 쌓으면 남산 높이의 몇 배쯤은
되고도 남을 거야."
회장님이 말씀하셨어요. 내 생각에도 그래요. 나는 우리나라 섬유

수출의 경쟁력은 우리 회장님이 만들었다고 생각해요. 회장님은
앞장설 뿐 아니라 앞서가기도 했거든요. 앞장서고 앞서가고, 참 빠른
분이셨죠.

만약에 '내년 시즌에 팔 원단이다' 하면 그걸 올해에 미리 만들었어요.
미국에 가서 시장조사를 해서 내년에 유행할 원단을 예상하는 거죠.
우선 미국 바이어와 상담합니다. 이런 원단으로 옷을 만들어주겠다고
하지요. 상담이 끝나면 곧바로 일본에 갑니다. 저는 뭐, 그냥 따라가는
거죠. 일본에 가서는 일본 원단들 중에서 좋은 원단을 골라 샘플링을
해서 가지고 들어와요. 그걸로 견본을 만들어서, 그날 밤 비행기
편으로 미국에 보내는 거죠. 그 시간이 얼마나 걸린 줄 아세요? 불과
이틀이에요. 회장님의 업무 추진 속도와 열정은 정말 놀라웠어요.
바이어도 너무 신기해했지요. 미국에서 상담한 지 불과 며칠 후에
견본이 만들어져서 도착했으니까요.

나는 회장님이 빠른 것도 빠른 건데, 그 감각이 더 놀라웠어요.
'빠름'을 넘어 '다름'이 있었죠. 빠른 것도 놀라운데 감각이 뒤처지지
않는 거예요. 저는 옆에서 보면서도 놀라운 게 회장님이 원단을 보며
'이거 괜찮네. 이걸로 하자' 하면 그게 맞아요. 바이어도 오케이 하고

수출로 이어져요. 얼마나 예리하고 정확한지, 말도 못해요. 바이어는 어떻게 이럴 수가 있냐고 놀라워하죠. 나는 그제야 한숨 놓는 거고요. 회장님은 당연히 예상하신 듯했지만 그래도 좋아하시죠. 아무리 앞장서서 빨리 실행해도 감각이 뒤따르지 않으면 무슨 소용이겠어요? 그런데 또 생각해보면, 실행력에 감각까지 갖춘다는 건 쉬운 일이 아니잖아요. 그러고 싶다고 그럴 수 있는 것도 아니고요. 그러니까 회장님을 생각하면 그저 놀랍죠. 그런 분이 어디 또 있을까 싶지요.

지금도 내게 존경스러운 기업인이 누구인지 물으면, 나는 회장님을 첫손으로 꼽아요. 곁에서 오래 지켜본 사람으로부터 존경받는다는 건 정말 어려운 일이잖아요. 가족에게도 인정받는다는 건데 그건 참 힘들잖아요. 우리 회장님은 그런 분이었어요. 그런데 내가 정말 존경했던 부분은 '빠름'과 '다름'이라는 회장님의 탁월함이 아니었어요. 회장님을 오래 지켜보면서 가장 존경스러웠던 건 회장님의 '바름'이었어요. 사람 자체에 바름이 배어 있어요.

우선 경우境遇가 바른 분이었어요. 사업을 하려면 경우가 없으면 안 된다고 생각하셨어요. 사업 파트너와는 도움을 주고 도움을 받는 협력관계로 상호공존해야 하는 것이라고, 우리의 행동이 곧 회사의 얼굴이라고, 회장님은 늘 말씀하셨고 그 말씀 그대로 행동하셨어요. 담판 지어야 할 때는 확실하게 하시지만, 양보하는 게 경우에 맞다고 생각하시면 또 확실하게 양보하셨어요. 나는 회장님께 그런 정신을 배워서 직원들에게 항상 얘기했어요. 구매라는 칼자루를 쥐었다고 생각하지 말고 외유내강하라고. 일은 이치에 맞고 경우에 맞아야 하는 거라고요.

두 번째로는 사람에 대해 바른 분이었어요. 회장님은 무엇보다 사람을 먼저 생각하셨어요. 사람을 먼저 챙기는 게, 저는 회장님의 '바름' 중에서도 최고라고 생각해요. 사람이 바쁘면요, 사람을 챙기기가 쉽지 않잖아요. 사람의 에너지라는 게 한계가 있고, 회장님이 신도 아닌데 어떻게 그 많은 사람들을 챙기겠어요. 우리도 일하고 집에 들어가면 피곤해서 말 한마디하는 게 힘들 때가 있잖아요. 그런데 우리 회장님은 정말 초인 같았어요. 사람에 대한 '바름'을 언제나 놓치지 않았어요.

내가 무역하는 대우실업에 있다가 79년에 건설 쪽 일을 하는 대우개발로 옮겼어요. 리비아 건설 본부에 가서 자재부장을 했지요. 회장님이 리비아에 오시면 밤에 저녁 잡수시고 나서도 쉬지를 않아요. 몸에 담요를 둘둘 두르고 차에 타시는 거예요. 기사 두 분이 번갈아

가며 운전해서 사막 현장으로 가죠. 그럼 새벽에 도착해요.
곧바로 근로자들을 만나시는 거예요. 한 명 한 명 만나 격려하시고
응원하시고 나서야 잠시 쉬셨어요. 그 먼 길을 달려와서는
근로자들부터 다독이는 회장님이 또 계실까요?
생각이야 쉽지만 그걸 실천하는 건 어려운 일이라고 생각해요.

대우그룹의 사훈이 '창조, 도전, 희생'이잖아요. 그 사훈을 회장님의
삶으로 설명할 수 있을 것 같아요. 회장님의 '빠름'이 창조와
연결되지요. '다름'은 도전과 연결되고요. '바름'은 희생과 짝이
되지요. 빠르게 움직이며 창조하셨고, 남다른 감각으로 도전하셨고,
바른 마음으로 희생하셨잖아요. 사훈만 이상적으로 정해놓으신 게
아니라 본인이 먼저 삶으로 살아내셨어요. 나는 회장님을 보고 있으면
'빠름'이나 '다름', '바름'이 느껴졌거든요. 가끔은 그 세 가지가 동시에
느껴질 때도 있었어요.

내가 우즈베키스탄 전자공장에 있었을 때였어요. 어느 날 회장님이
오셨는데 공장을 둘러보시며 참 흡족해하셨어요. 투자 많이 안
하고 자그마한 공장을 만들었는데, 우리가 우즈베키스탄에 가서
텔레비전을 생산한다는 사실만으로도 광고 효과가 있었거든요.

그때만 해도 해외 공장이 있는 회사가 많지 않았어요. 대우가 회장님을 닮아 뭐든 빨랐죠.

회장님은 공장을 둘러보시며 근로자들을 격려하시고 고려인 마을을 방문하셨어요. 고려인들이 울면서 환영했어요. 수백 명이 한복을 입고 나와서 환대하니 참 뭉클했지요. 그날 오찬을 크게 벌였는데 카리모프 우즈베키스탄 대통령도 참석했어요. 고려인들이 춤추고 노래하며 기뻐했지요. 회장님은 공장을 둘러볼 때만큼, 아니 더 많이 기뻐했어요. 너무 기뻐서 그랬을까요? 폭탄선언을 하셨어요.

"여러분에게 우리가 만든 텔레비전을 선물하고 싶습니다.
2만 대를 만들어서 선물하겠습니다."

그 말을 들은 카리모프 대통령이 참 좋아했어요. 본인이 있는 자리에서 회장님이 말하니까 면이 서잖아요. 고려인들이 좋아한 건 뭐 말할 것도 없고요. 곁에서 지켜보는 내가 다 흐뭇했어요. 공장을 보면서는 회장님의 '빠름'이, 고려인들과 함께하는 모습을 보면서는 '바름'이 느껴졌죠. 그 후 우즈베키스탄에 자동차공장을 만들 때 회장님의 '다름'을 알게 되었어요. 자동차공장을 만들 수 있었던 건,

고려인들에게 텔레비전을 선물한 일이 계기가 되어 가능했거든요.
회장님은 다 예상하고 계셨던 거죠. 우즈베키스탄에 전자공장만 지을
것이 아니라 더 큰 계획을 추진해도 되겠다는 것을, 그러려면 카리모프
대통령과 좋은 관계를 맺고, 그곳에 있는 동포들을 먼저 생각해야
한다는 것을.

아무리 생각해도 우리 회장님 같은 사람은 또 없습니다. 많은 사람을
만나고 이렇게 오래 살았어도 우리 회장님 같은 분은 못 봤어요.
회장님의 발끝만 따라가도 성공이라고 생각해요. 그러니 예상보다
빨리 세상을 떠나신 것이 그저 아쉽고 안타깝고, 사무치게 그리울
따름입니다.

남귀현은 고려대학교 경제학과를 졸업하고 경력사원으로 대우실업에 입사하여 섬유, 건설, 전자,
자동차 부문에서 28년간 근무하였다. 특히 김우중 회장을 수행하여 수많은 해외 프로젝트 사업을
추진하였다. 대우그룹 해체 전까지 대우자동차 인도 사장, 대우 인도지역 본사 사장을 역임하였다.
그 후 전문경영인으로 아남전자 사장 및 부회장을 역임하였다. 현재는 (주)세코닉스 사외이사와
감사로 재직 중이다.

성심을 다하는
사람

이영현

회장님은 젊은 비서한테도 항상 격의 없이 가르쳐주려고 하셨어요.
그런 의미에서 회장님은 진정한 교육자라고 생각해요.
경영학 공부하면서 '경영자는 교육자다'라는 말을 참 좋아했습니다.
그런데 바로 우리 회장님이야말로 교육자이셨던 거지요.
저도 개인적으로 회장님께 너무 많은 것을 배웠고요.

회장님은 중국 요리를 좋아하셨어요. 그래서 중국집에 갈 때면 환하게
웃으며 식사하시던 옛 모습이 생각나곤 해요. 회장님이 한창 바쁘실
때는 저녁 약속이 하루에 두세 번 이어질 때가 많았어요.
그때마다 매번 처음 먹는 것처럼 식사를 하셨죠. 회장님은 늘 상대방을

배려하셨거든요. 회장님은 불편한 기색 하나 없이,
항상 아무렇지도 않게 식사를 하셨어요. 그 모습이 아직도
선연합니다.

회장님의 에세이 《세계는 넓고 할 일은 많다》가 1989년도에
나왔잖아요? 그 책의 원고가 완성되고, 출판되기 전 저에게
제일 먼저 보여주셨어요. 한번 읽어보라고. 저녁 먹고 나서 책을
딱 들었는데 너무 재미있는 거예요. 앉자마자 잠도 안자고 새벽까지
읽었는데, 너무 공감이 가고 내용이 좋은 거예요. 정말 시간 가는 줄
모르고 읽었어요. 회장님을 곁에서 지켜보면서 가졌던 마음들이
책에도 너무 잘 담겨 있고, '어떻게 살아야겠다'는 회장님의 생각도
잘 들어가 있더군요.

아침에 회장님께 "다 읽었습니다" 하고 원고를 드렸더니 "책이
어떠냐?"라고 물으시는 거예요. 제가 "많이 팔릴 것 같아요"라고
대답했더니 씩 웃으셨어요. 그 책이 실제로 굉장히 많이 팔렸잖아요?
그걸 보면서 뿌듯한 마음이 들었죠. 우리 집 아이들도 그 책은 다
읽었어요. 애들이 고등학생이 되었을 때 '우리 집 필독서'로 지정해서
읽혔죠. 아주대학교 학생들에게 강의할 때 공부 열심히 하는

학생들에게는 가지고 있던 책을 한 권씩 선물하기도 했고요.
지금은 다 나눠 주고 없어요. 지금도 책 내용이 기억에 많이 남아
있어요.

회장님과 관련된 추억 중 저만의 자랑이 하나 있습니다.
제가 비서업무를 했던 후배들과 한잔할 때면 이렇게 말하면서
그 무용담을 꺼내곤 합니다.

"너희들 중에 회장님하고 한 침대에서 자본 사람 있어?"

20대 중반에 회장님 수행비서를 하면서 전 세계를 모시고 돌아다녔죠.
말 그대로 '세계는 넓고 할 일은 많다'는 걸 실제로 경험했어요.
안 가본 나라 없이 다 가봤죠. 동구권도 가보고, 러시아, 중국 등
그 당시 수교가 안 된 나라도 가보고 하면서, '남들은 정말 몇 만금을
주고서도 할 수 없는 경험들을 내가 하고 있구나!' 하는 것을 느꼈죠.
회장님은 유럽과 아프리카를 오가면서 일을 보시는 경우가 많았어요.
그런데 이렇게 잦은 이동을 하려면, 커머셜 비행기로는 시간이
안 맞아요. 비용도 만만치 않고요. 그래서 조그만 전세기를 이용하는
경우가 많았어요. 그야말로 택시 타고 다니듯이 전세기 편으로 유럽과

아프리카를 밤낮없이 다니셨어요. 그날도 유럽 어딘가에 계시다가
갑자기 약속이 생겨서 스위스 취리히에 가시게 됐어요.
급히 그곳 지사장에게 연락을 취했어요. 내일 몇 시쯤 도착할 테니
호텔 예약을 좀 부탁드린다고. 그리고 다음 날 취리히에 도착했어요.
그런데 지사장이 너무 난처해하는 거예요.

"어쩌죠. 지금 취리히에서 굉장히 큰 컨퍼런스가 열려서 호텔 방이
동이 났어요. 다행히 회장님 방은 웃돈을 주고 간신히 예약을 했는데,
이 대리 방을 못 구했어요."

지사장은 몇 번씩이나 사과하며 난처해했어요. 사실 회장님 방을
못 구했다면 문제지만 제 방을 못 구한 건데 그게 무슨 문제가
되겠어요.

"괜찮습니다. 너무 수고하셨어요. 몇 시간 자고 일어나면 되는데 저야
소파에서 자면 되지요. 염려 마세요."

지사장도 그제야 조금 안심하는 것 같았어요. 그날 일정을 다 마치고
호텔 방에 온 시간이 밤 11시쯤이었어요. 방을 보니 안에 침실이 있고

밖에 거실이 있는 코너 스위트였어요. 회장님이 방에 들어가시면
저는 거실 소파에서 자려고 생각했죠. 그래서 회장님을 방으로
안내해드리며, "들어가시지요" 하고 말씀드렸어요. 그랬더니 대뜸
물으시는 거예요.

"그런데 너는 방 있어?"

아마 지사장과 하는 대화를 들으신 모양이에요. 회장님께는
항상 거짓 없이 솔직하게 말씀드렸던 터라 이번에도 사실대로 말씀을
드렸죠.

"컨퍼런스가 있어서 제 방이 예약이 안 됐답니다. 그냥 여기서
자겠습니다."
"잠을 편히 자야지. 방에 들어와서 나하고 같이 자."

회장님이 이렇게 말씀하셨는데, 슬쩍 방을 보니 킹사이즈 침대 하나가
있었어요. 트윈 침대면 몰라도 한 침대에 어떻게 회장님과 함께
잘 수가 있겠어요. 그래서 간곡히 말씀드렸죠.

"회장님, 전 밖에서 자겠습니다. 편히 주무세요."

그럼 회장님이 "그럴래?" 하고 주무실 줄 알았는데, 그건 저의
착각이었어요. 회장님이 먼저 누우시면서 다시 한번 "얼른 들어와서
자" 하시는 거예요. 저는 한 번 더 아니라고, 밖에서 자겠다고
말씀드렸죠. 회장님도 잠은 편하게 자야 한다고, 빨리 침대에 와서
자라고 거듭 말씀하시는 거예요. 그쯤에선 시키는 대로
해야겠더라고요. 모시는 어른께 계속 우길 수는 없잖아요.
그래서 할 수 없이 저도 침대 이불을 들추고 들어가 회장님 옆에
누웠어요. 그러고는 회장님이 잘 주무실까, 불편하시지는 않을까
생각할 겨를도 없이 잠에 빠져들었죠. 잠이 드는데 30초도 안 걸렸을
거예요. 지금 떠올려 봐도 민망하지만, 세상에서 제일 바쁜 회장님을
수행하다 보니 그때는 너무나 고단했어요. 젊을 때였지만 피곤이
가시는 날이 없었죠.

정신없이 잠이 들었어요. 두세 시간쯤 지났을까. 한참 자고
있는데 낌새가 이상해서 눈을 떴더니, 회장님이 옷을 입고 밖으로
나가시더군요. 순간 졸린데 모른 척하고 잘까 하고 눈을 감았는데,
한번 깨고 나니깐 잠이 안 오는 거예요. 그래서 '어차피 깬 거 나도

나가봐야 겠다' 생각하고선 옷을 주섬주섬 입고 따라 나왔더니,
회장님이 거실에 앉아 직접 어디로 전화를 하고 계시는 거예요.
해외에 나가면 한국과 시차가 다르니 주로 늦은 밤이나 새벽에 전화로
본사와 업무 교신을 하곤 하는데, 그때는 노사분규니 뭐니 해서
한국에 여러 가지 현안들이 많았던 때였어요. 전화를 끊으실 때까지
기다렸다가 곧바로 말씀드렸죠.

"회장님, 제가 전화 걸어드리겠습니다."
"왜 일어났어? 더 자지."
"아니에요. 저도 많이 잤습니다. 제가 전화 걸어드리겠습니다."
그제야 회장님이 전화기를 저에게 주시더군요.

저는 전화를 걸고 옆에서 대기하다 또 전화를 걸고 회장님은
통화하시고, 이런 식으로 계속해서 몇 시간동안 서울과 전화 통화를
하셨죠. 6시가 되니까 해가 훤하게 뜨더군요. 아침에 해 뜨는 것
보고서야 모든 통화가 끝났어요. 그러고는 곧장 공항으로 가서
다른 나라로 이동을 했지요. 회장님은 늘 바쁘게 다니시니까 수행하는
사람들도 힘들 거라 생각해서 항상 배려하시곤 합니다.
마음이 참 깊으신 분이죠. 언제나 지위고하를 막론하고 세심하게

챙겨주려 하셨어요.

회장님 모시는 일을 하면서도 아랫사람이라기보다는 함께하는
사람이라고 생각하며 일했던 것 같아요. 회장님의 배려심 덕분에
기업 총수와 일한다는 생각이 별로 안 들었어요. 역대 비서들과
만나서 얘기해 봐도 다들 공통적으로 느끼는 게 우리 회장님은 재벌
총수로서의 어렵고 거리감 있는 분이 아니고, 어떻게 보면 그냥 아버님
같은 분이라는 거예요. 야단맞더라도 아버지가 아들 야단치듯 하시니,
그때마다 '내가 정말 잘못했구나, 다음에 잘 하면 되지' 하는 마음으로
일할 수 있었다는 거지요. 회장님은 언제나 본인이 발로 뛰고 성심을
다해 일하는 분이셨지, '내가 총수다' 하고 권위를 내세우는 분이
아니셨어요.

신혼 시절에는 회장님과 잠시 함께 살았던 적도 있었어요.
1988년이었죠. 그때 대우조선에 노사분규가 심해서 회장님이 옥포에
내려가 계셨어요. 저도 회장님을 모셔야 하니 당연히 같이 내려갔죠.
굉장히 바빴어요. 서울에 가족들을 보러 오기도 어려웠으니까요.
대우조선 경영 정상화를 위해 하루도, 아니 한시도 쉴 수 없었거든요.
시간이 어떻게 가는지도 모르게 여름이 지나고 가을이 되었어요.

어느 날 회장님이 불쑥 물으시더군요.

"신혼인데 이렇게 오랫동안 떨어져 있어도 돼?"

저는 머뭇거리며 차마 대답을 못 했어요. 신혼도 신혼이지만,
첫째 아이가 막 백일이 되었을 때거든요. 아내도 보고 싶고 아기도
보고 싶고, 매일매일 그리울 때였어요. 회장님은 저를 처연하게
보시더니 명령하듯 이렇게 말씀하시는 거예요.

"와이프 내려오라고 해. 아기도 데리고. 빈방도 있고, 나는 바빠서
잘 들어오지도 못하니 너희 가족은 같이 지내면 좋잖아."

이렇게 따뜻한 명령이 또 어디 있을까요? 저는 너무 따뜻해서 바로
명을 받들었지요. 요즘도 가끔 아내와 이야기해요. 회장님께는 참
감사했지만, 그렇다고 바로 내려가서 함께 산 우리도 너무 웃기다고.

하여튼 내려오란다고 아내가 덜컥 내려왔어요. 백일밖에 안 된 아이를
안고 아내가 옥포에 내려왔는데, 공교롭게도 내려오자마자 근로자가
투신을 해서 분위기가 굉장히 험악해졌어요. 회장님은 임원들과 밤새

대책회의를 하시고, 숙소에 오셔서도 외부 사람들을 만나고 그러시던
때였죠. 제 아내가 내려와 한두 달 같이 생활을 했는데, 들어오는
날에도 잠깐 눈만 붙이고 새벽이 되면 회장님 모시고 나가니까
그걸 보고 아내가 놀란 거예요. 한번은 이렇게 묻더군요. 나도 나지만
회장님은 언제 주무시는 거냐고. 한 달 내내 밤마다 저렇게 사람들을
계속 만나는데, 도대체 잠을 언제 주무시는 거냐고 걱정하는 거예요.
그때 저랑 같이 있으면서 아내도 '남편이 나가서 놀러 다니는 건
아니구나!' 하는 것을 확실히 느꼈던 것 같아요. 그 후로는 바가지도
안 긁고 결과적으로 그때 잘 내려왔다고 생각했지요.

투신 얘기를 잠깐 하자면, 그때 노조 근로자 중 한 명이 3층 건물에서
뛰어내렸어요. 다리가 부러지고 머리도 다치고 해서 곧바로 조선소
옆에 있는 대우병원에 입원했다는 보고가 올라왔어요. 분위기가
험악해 주변에서 만류했지만 회장님이 극구 직접 가보시겠다고
해서 제가 모시고 병문안을 갔지요. 가서 보니까 근로자 한 명이
온몸을 칭칭 동여매고 누워 있어요. 그것을 보시더니 회장님이 막
우시는 거예요. 회장님은 굉장히 감정이 풍부하신 분이세요. 눈물도
많으시고. 근로자가 침대에 누워 있는 것을 보더니 막 우시면서
'미안하다. 미안하다'만 되풀이하시는 거예요. '다 내가 잘못해서

그렇다'고 '미안하다'고 하시면서 펑펑 우세요. 저도 옆에서 보다가 덩달아서 막 눈물이 나는 거예요. 그래서 저도 따라서 울었어요.

"소유가 아니라 성취다."

회장님이 항상 하셨던 말씀이에요. 회장님은 언제나 다음 세대를 많이 생각하셨고, 자신이 헌신해서 더 나은 나라를 만들고 싶어 하셨죠. 그런 마음으로 드넓은 세계를 다니며 일하셨으니 '성취'에 초점을 맞추셨겠지요. 저는 회장님을 곁에서 오랫동안 지켜보면서 감히 그 말씀을 이렇게 바꿔보고 싶어요.

"성취가 아니라 성심이다."

성심誠心. 정성스러운 마음. 제가 보기에 회장님은 언제나 '성심'이 먼저인 분이셨어요. 성취보다 성심이 우선인 분, 일보다 사람에게 정성을 다하는 분. 아랫사람을 가족처럼 대하고, 상대의 마음을 먼저 배려해, 대하는 행동 하나하나에 정성을 다하는 분. 그런 분이 바로 우리 회장님입니다.

그런 분이니 비서와 한 침대에서 잘 생각을 하고, 신혼인 비서가

가족과 떨어져 있는 것이 안타까워 회장님 숙소에서 가족과 함께
살도록 배려하셨겠죠. 누구에게나 정성을 다하는 사람, 김우중
회장님. 그런 분을 모셨다는 것이 저에게는 큰 영광이었습니다.
오늘도 회장님이 참 그립습니다.

이영현은 서울대학교 경영학과를 졸업하고, 수행비서로 김우중 회장을 보필하면서 인생이 급변하기
시작했다. 보스턴 대학교에서 경영학 박사학위를 받고 다시 일선에 복귀했으며, 돈을 주고도 사기
힘든 다양한 경험을 축적했다. 현재 아주대학교와 아주자동차대학을 경영하고 있는 학교법인
대우학원에서 상임이사로 일하고 있다.

선하고 소박한
사람

김임순

가만 있자, 어디부터 이야기를 해야 할까? 김우중 회장님과
첫 인연부터 이야기를 하는 게 좋겠지요? 1980년대였죠. 삼운대라고,
1976년 8월에 애광원을 방문한 백낙준 박사 내외분이 지어준 곳이
있어요. 일종의 게스트하우스죠. 그 시절에는 거제도에 무슨 호텔이
있나, 음식점이 있나, 누가 오면 묵을 데라도 있어야겠다 싶어
백낙준 박사님이 주신 돈으로 집을 지었죠. 김우중 회장님은
그 삼운대의 하숙생이었어요. 대우를 처음 시작했을 때니 거제도에
일을 보러는 오는데, 무슨 돈이 있겠어요? 돈이 있어도 잘 데도 없는
곳이기도 하고. 그래서 삼운대에서 하숙을 했지요. 그게 인연이
되어서 쭉 만나게 되었지요. 정말 각별하게 지냈어요.

김우중 회장님은 한마디로 말하면 그저 소박하고 선한 사람이에요.
다른 사람은 모르겠고, 내가 보기에는 그래요. 그리고 참 솔직해요.
뭐든지 잘 먹어요. 아무 식당에나 가도 열심히 먹어요. 그렇게 맛있나,
싶게 잘 먹고 가끔은 "좀 천천히 잡수세요"라고 말하게 될 만큼 골고루
잘 먹지요. 나중에 성공을 하고 부자가 돼도 변하지 않았어요. 변하지
않을 사람이라 생각했지만, 진짜 안 변하니 신기했어요. 누구나 위에
올라가면 변하기 마련인데 말이에요. 김우중 회장님은 애초에 사람이
까탈스럽지를 못 해요. 그게 그 양반의 큰 장점이지요.

우리 애광원이 1978년에 지적장애인 시설로 바뀌었어요. 정부에서
돈을 주면서 집을 지으라는 거예요. 강병근 박사라고, 독일에서
장애인 시설 건축으로 박사학위를 받은 사람인데, 내가 독일에 갔다가
그 사람을 소개받아서 어렵게 그분께 부탁했지요. 참 고맙게도
설계해주어서 집을 짓기 시작했어요. 그런데 짓다 보니 돈이 턱없이
부족하지요. 방법이 없어서, 대우에 가서 사정 얘기를 했어요.
그래서 대우에서 지어줬지요.

처음에 대우에서 지은 집이 '민들레집'이라고 중증장애인 시설이에요.
그걸 계기로 해서 우리 집에 있는 거의 모든 건물을 짓게 되었어요.

삼운대, 애빈재활시설과 BC카드 하우스만 제외하고 모든 건물을
다 지었다고 보면 돼요. 물론 돈은 드렸는데, 한꺼번에 못 드렸어요.
시설 운영하면서 빠듯한 살림에 집 짓는 돈을 모아서 드릴 수가
있어야지. 그래서 돈이 조금 생기면 생길 때마다 갖다 드렸죠.
그러니까 대우건설에서 그러는 거예요.

"아! 왜 이렇게 대금을 조금씩 나눠서 주세요? 지난번에는 500만 원
가져오고, 이번에는 300만 원 가져오고. 이러지 마세요."
"그럼 어쩌라고요? 우리 집에 돈이 모이면 그 돈 다 장애인들을 위해
쓰고 없으니 생길 때마다 드릴 수밖에 없어요."

내가 그렇게 얘기하니, 대우건설에서도 할 말이 없지.
그래도 결국 학교까지 다 지어주었어요. 그런데 마지막에 2억이
부족한 거예요. 결국 그건 못 냈어요.

"회장님, 그동안 집 짓는 대금을 조금씩 돈을 주긴 줬는데…
결국 2억은 못 주고 있는 거 알죠? 그런데 어째요. 나 못 줄 거 같아."
"알았습니다. 놔 두이소."

그 한마디로 해결되었어요. 회장님이 낸 거죠, 뭐. 어찌나 고맙던지,
고마움을 말로 표현도 다 못해요.

그 후에도 아이들이 직업을 가질 수 있도록 재활할 수 있는 집을
짓는데, 그것도 대우에서 크게 도와줘서 지을 수 있었어요. 심지어
우리 교회에 불이 났을 때도 도움을 받았죠.
대우건설에 얘기를 했더니, "애광원은 몰라도 교회는 안 됩니다.
김 원장님이 장로라고 해서 그걸 해드릴 수는 없어요" 하더라고요.
그래서 회장님 붙잡고 말했지요.

"회장님! 이 양반들이 안 해주려고 합니다."
"아이고, 그거 해줘야지요."

회장님이 또 그 한마디하고 해줬어요. 교회도 돈이 없으니까
다 짓고 나서 3년 만에 돈을 갚은 걸로 알고 있어요. 지금 생각해 보면,
회장님은 장애인 시설도 그렇지만, 지역사회에도 관심이 많았던
것 같아요. 거제도에 일 때문에 왔지만, 자주 '제2의 고향'이라고
그랬어요. 본인이 그렇게 얘기할 만큼 정든 곳을 회사나 시설로만
생각할 수는 없었던 모양이지요. 지역사회 발전을 생각하고 그랬어요.

내가 회장님을 참 좋아했던 건, 선하고 소박한 것도 그렇지만
시원시원한 면이 있어서 더 그랬어요. 회장님은 갸우뚱하는
게 없어요. 우리 이게 꼭 필요해서 이걸 좀 해야 하는데 그러면
"알았습니다" 하고 바로 실행해주는 거예요. 내가 어이없는 부탁을
한 적도 많거든요. 한 번은 나무가 너무 자라서 나무를 잘라야 하는데,
나무를 자르는 것도 돈이 들더라고요. 그래서 못하고 있다고 회장님께
말했더니 대우에서 와서 나무를 잘라줬어요.

회장님이 거제도에 오면 동선이 정해져 있어요. 헬리콥터를 타고
대우조선으로 먼저 가지요. 거기서 혼자 작은 차를 몰고 천화원에 가서
삼선짬뽕 한 그릇을 잡수세요. 그리고 애광원 안에 있는 애빈하우스에
오셔서 커피 한잔 잡수시고 대우로 들어가시는 거예요. 바쁘면 뭐
얘기할 시간도 없이 대우로 들어가지만, 시간이 나면 애광원 얘기를
많이 들어줬어요. 그럼 뭐 나는 이걸 해야 하고 이게 필요하고,
이런 이야기뿐이지, 뭐. 그 이야기를 허투루 듣는 게 없어요.
다 생각하고, 실행하죠. 말하지 않아도, 필요하다 생각하면 하겠다는
말도 안 하고 해주시기도 했지요. 애광원 강당에 가면 큰 항공사진이
걸려 있어요. 그건 내가 말도 안 꺼냈던 건데, 애광원 전체 사진이 하나
있으면 좋겠다고 생각하셨나 봐요. 어느 날 찍어서 보내주셨더라고요.

마음 씀씀이가 참 감동이죠.

회사에서 사람들을 생각하고 대하는 것도 참 감동이었는데,
대우조선을 처음 맡으셨을 때도 그랬어요. 조선소를 해본 적이
없으니까 일본 조선소를 보고 좀 배워 오라고 사람을 보냈대요.
그런데 건너 들어서는 뭐 딱히 잡히는 게 없으니, 나중에는 그 양반이
직접 갔어요. 일본 조선소를 가서 계장인가 과장인가를 따라다니면서
관찰했대요. 심지어 화장실까지 따라 들어가면서요. 그리고 결국 뭐
하나를 얻어왔지요. 그게 개예요. 강아지요.

그곳 직원들이 퇴근할 때 문 앞에 개가 한 마리 있더래요. 직원들이
뭘 가져가면 냄새를 맡는 거예요. 그런데 대우조선은 직원들이 퇴근할
때 일일이 몸수색을 했거든요. 가난하고 어려울 때니까 사람들이
퇴근할 때 뭐든지 하나라도 주머니에 쑤셔 넣고 가는 경우가 많은
거예요. 그러니 뭘 가져가는 건 없나, 검사하는 거죠. 그런데 그게 참
비인격적이잖아요. 회장님도 그게 참 마음에 걸렸는데, 일본에서
그 답을 얻어온 거지요. 회장님 지시로 직원들 몸수색을 하지 않는
대신 문 앞에 개를 두었죠. 직원들을 인격적으로 대우해주고 싶은
마음이지요. 직원들의 입장에서 보면 참 감동이지 않겠어요?

뭐랄까, 회장님은 아무나 따라 할 수 없는 섬세한 마음을 가진 것
같아요. 게다가 뭐가 안 된다는 생각을 잘 안 해요. 하면 된다, 이롭고
좋은 일이면 우선 하자, 이런 생각을 하는 사람이죠. 김영삼 대통령
때인데 지역 국회의원과 함께 식사하는 자리가 있었어요.
나랑 회장님, 국회의원 셋이 있었죠. 이런저런 이야기를 하다가
내가 그랬어요.

"사람들이 부산하고 거제하고 연결하는 다리가 놓이면 얼마나 좋을까
하고 꿈같은 얘기를 해요. 말도 안 되는 소리지요?"
"그거 우리 대우에서 할 수 있어요." 회장님이 나와 국회의원들을
보면서 대뜸 그랬어요.
"회장님, 그거 너무 꿈나라 같은 얘기예요. 어떻게 다리를 놓아요?"
한 국회의원이 되물었죠.

회장님이 미소를 지었어요. 그리고 나중에 현실이 되었잖아요.
거가대교! 그게 그거예요. 거가대교를 보면 지금도 회장님 생각이
나요. 다른 사람은 감히 생각조차 못하는 그 어려운 일을 그분은
실행하는 거예요. 그러고 보면 돈 버는 데만 신경 쓰는 분은 아니에요.
지역 발전을 위해 여러 가지를 생각하고 큰 꿈을 꾸고 실현시키는

사람이잖아요. 돈 버는 것만 생각하면 그런 삶을 살지는 못할 거 같지
않아요?

회장님의 삶을 지켜보는 것은 참 위로도 되고 힘도 나는 일이었지요.
게다가 오랜 시간 얼굴을 보고 인연을 이어 갈 수 있으니 나한테
참 영광이고 기쁨이었지요. 그런데 꽤 오래 못 만난 시간이 있었지요.
1999년도에 대우 해체되면서 쭉 거제를 안 오셨으니. 그러다가
2014년에《김우중과의 대화》라는 책이 나온 다음에, 참 오랜만에
거제를 방문하셨죠.

너무 오랜만이었지. 15년 만일 거예요. 정말 둘이 서로 붙들고
울었어요. 아무도 생각하지 못할 그런 감정이 복받치더라고요.
거제도에 대한 회장님의 오랜 애정, 거제도가 이만큼 성장한 것에 대한
감사, 오랜만에 만난 반가움, 그동안의 여러 고마움… 말로 다 표현할
수 없는 여러 가지 감정이 막 섞여서 한꺼번에 복받쳐 올라오더라고요.
회장님도 그런 마음이었겠죠. 나보다 더 복잡한 여러 감정이 올라왔을
거예요. 그러니 둘이 붙잡고 아무 말도 못 하고 한참을 울었지.

지금 살아 계시면 깍두기 좀 담가드리고 싶어요. 김우중 회장님이

거제도 계실 때 정희자 회장님이 나한테 전화하셨던 적이 있어요.
"우리 영감이 거기 김치가 너무 매워서 밥을 먹는데 힘들대요"라고
하셔서 내가 깍두기를 담가드렸거든요. 그랬더니 회의하고 나오는데
귓속말로 "깍두기 잘 먹었습니다" 하더라고요. 그렇게 소박해요,
사람이. 내가 시설에 있으면서 정말 많은 기업가들을 만났거든요.
그런데 그렇게 선하고 소박한 사람이 없어요. 참 기업가 같지 않은
사람이었지요. 깍두기 한 번을 더 못 담가드리고 보냈네. 그게 참
아쉬워요.

김임순은 이화여자대학교 가정학부를 졸업하고 개성에서 교사 생활을 하다가 친정아버지 환갑으로
경북 상주 본가에 있을 때 6.25 전쟁이 발발하여 거제도로 피난하였다. 외동딸, 시어머니와 함께
장승포에서 피난 생활을 하던 중 당시 사회부 거제도 분실장이었던 김원규 선생에게 이끌려간
산비탈 움막 속에서 전쟁 중에 버려진 일곱 명의 영아를 만났다. 그때 하느님의 음성을 듣고
그 아이들을 키우고 가르쳐서 사회에 내보도록 하는 일이 필생의 사명이라는 것을 깨달았다.
이에 1952년 11월 27일 장승포항 언덕 비탈 움막에서 애광영아원을 시작하였다. 25년간 640여
명의 아이들을 양육하여 사회로 진출시켰으며, 남아 있는 정신지체장애 아이들을 위하여 1978년
정부 인가를 받아 지적장애인 재활 및 요양 시설로 전환하였다. 또한 가난한 농어민 미취학 아동을
무료로 보육하는 능포어린이집(현재 옥수어린이집)을 시작으로, 거제애광학교(지적장애인 특수학교),
민들레집(중증지적장애인 거주시설), 성빈마을(장애인 공동생활가정), 애빈(장애인직업 재활시설)을
설립하여 운영 중이다. 1952년 창립 이후 68년간 상임이사와 애광원 원장을 맡아 오직 한길 장애인
복지를 위하여 헌신하고 있다.

마음 따뜻한
할아버지 같은
사람

이윤경

제가 다니던 대학교 웹사이트에서 글로벌청년사업가 양성과정GYBM
모집 공고를 봤어요. 해외 나가서 공부를 시켜주고 글로벌 청년
사업가를 양성하는 과정이라고 적혀 있었어요. 공고를 보고
지원했는데 제 동기는 단순했어요. 해외에 나가고 싶기도 했고,
그것도 전액 무료라니, 너무 좋은 기회잖아요. 꼭 글로벌 청년
사업가가 되어야겠다는 각오는 없었지만, 좋은 기회를 잡고 싶은
간절함은 있었죠. 막상 뽑혔다고 연락이 오니까 각오도 생기더라고요.
너무 단순하게 지원한 것이 찔려서 더 열심히 해야겠다는 생각이
들었나 봐요.

2011년 연말, GYBM 1기가 시작됐어요. 1기는 저를 포함해 40명이었어요. 용인에서 한국 연수를 마치고, 해외 연수를 위해 베트남에 갈 때는 한 명이 낙오해서 39명이었고요. 김우중 회장님은 베트남에 가서 처음 뵈었어요. 나중에 회장님이 누구인지 알게 되고 함께 식사했어요. 우리가 테이블에 앉아 있으면 회장님이 이번 식사 때는 여기, 다음 식사 때는 저기, 이런 식으로 돌아가면서 식사를 하셨어요. 우리 개개인과 더욱 친밀하게 지내고 싶으셨던 것 같아요. 처음에 함께 식사할 때는 조금 떨었어요. 워낙 어른이고, 워낙 유명한 분이고, 무엇보다 기업 회장님이셨잖아요. 깐깐하고 예민하실 것이라고 생각했어요. 그런데 정말 예상 밖이었어요. 그냥 할아버지셨어요. 고기반찬이 나오면 집어서 우리 숟가락에 얹어주셨어요.

"많이 먹어. 외지에서는 더 잘 먹어야 해."
따뜻하게 말씀하시며 우리를 살뜰히 챙기셨어요.
다들 그 모습에 놀랐던 것 같아요. 아마 1기 어느 누구에게 물어보셔도 똑같이 이야기할 거예요. 깐깐한 회장님일 줄 알았는데 따뜻한 할아버지였다고요.

꼭 식사 때만 그런 모습을 느낀 건 아니었어요. 그 이후에도
회장님은 우리에게 따뜻한 할아버지가 되어주셨어요. 우리들
이름을 다 외우셨어요. 보통 함께 견학을 가면 관계자 분이 회장님께
설명해주세요. '우리는 지금 어디를 갈 것이며, 그곳에 있는 분의
성함은 아무개입니다'라고요. 그럼 회장님은 나지막이 읊조리며
곧 만날 이의 이름을 외우시죠. 물론 1기, 저희들 이름은 누구에게
묻지 않고 부르실 수 있을 정도로 다 외우셨고요.

"윤경아" 하고 다정한 목소리로 이름을 불러주셨죠. 아직도 그
목소리가 귓가에 남아 있는 것 같아요. 평소에도 그 따뜻함을 많이
느꼈지만, '정말 우리를 사랑하고 아껴주시는 할아버지구나'라고
생각했던 건 졸업식이었어요. 제가 1기 중 막내 또래였는데, 막내
또래들은 한국에서 졸업식을 못 하고 베트남으로 갔어요. 우리가
졸업반일 때 연수원에 들어가서 한 달쯤 뒤에 출국했거든요.
회장님은 그게 마음에 걸리셨나 봐요. 그래서 우리가 머물던 베트남
달랏 대학교의 학교식당을 빌려서 졸업식을 열어주신 거예요.
학사모와 가운, 케이크까지 준비해주셨어요. 우리는 학사모를 쓰고
가운을 입고 함께 케이크의 촛불을 껐어요. 회장님 덕분에 정말 특별한
졸업식을 했고, 졸업식 사진 한 장 못 남길 뻔했던 우리는 사진도

추억도 얻게 되었죠.

저는 점점 회장님이 편해졌어요. 처음에 뵈었을 때 떨렸던 마음은
어느새 사라져버리고, 회장님이 "윤경아" 하고 부르시면 조르르
달려가 조잘조잘 이야기도 잘 했죠. 회장님이 할아버지가 되어주시니,
저는 저절로 손녀가 되어버렸어요. 회장님이 한 달에 한 번은 꼭
오셨는데, 참 많은 이야기를 나눴어요. 좋은 이야기뿐만 아니라
불평도 편하게 말씀드렸어요.

GYBM은 해외연수를 마치면 전원이 인턴으로 나가요. 저는 의료용
드래프트와 수술용 장갑을 생산하는 공장에서 인턴으로 일했어요.
처음에는 신났는데 시간이 지날수록 너무 힘들었어요. 사무실에 앉아
있을 시간은 없고 공장에서 직원들 일하는 것만 보고 있었거든요.
점점 왜 나를 이런 곳에 보냈나 하는 생각이 들고 불만이 쌓여갔지요.
그러다가 회장님이 오셨을 때 그간 쌓였던 불만을 터트려버렸죠.

"회장님, 저를 왜 그런 곳에 보내셨어요? 하루 종일 공장에서
기계 돌아가는 거, 직원들 일하는 거, 이런 것만 보고 있으니 너무
힘들어요."

"그랬구나. 그런데 거기서 분명히 배울 게 있을게다. 시간이 지나면
잘했다는 생각이 들 테니 조금만 더 버텨보거라."
회장님은 따뜻하게 타이르셨지만 이미 얼어버린 제 마음은 쉽게
풀리지 않았어요. 하지만 할 수 없이 회장님 말씀을 듣기로 했죠.
그런데 다시 일하면서 뭔가 조금 바뀌었다는 걸 느꼈어요.
여전히 현장을 경험하는 것이었지만, 사무실에서 하는 일도 생기고
제 역량으로 할 수 있는 업무가 늘어났죠. 아마도 회장님이 회사에
말씀해주신 것 같았어요. 한 달이 지나 회장님은 다시 오셔서 저에게
물으셨어요.

"윤경아, 좀 어떠니?"
한 달 전의 제 말을 기억하고 계셨던 것이죠. 제 마음은 언제 그랬는지
모르게 사르르 녹아버렸어요.
"많이 나아졌어요. 회장님 말씀대로 해볼게요."

저는 회장님 덕분에 인턴을 잘 마쳤어요. 그리고 나중에 취업하고
돌아보니 그때의 경험이 정말 큰 도움이 되었어요. 저랑 같이 입사한
동기 두 명이 더 있었는데, 그 친구들은 현장 경험이 없었거든요.
그런데 신입사원들에게 '생산성 향상 프로젝트'라는 과제가 주어진

거예요. 말 그대로 생산성을 향상하려면 어떻게 해야 할지를 연구하고 발표하는 프로젝트였어요. 동기들은 난감해했는데, 저는 그림이 그려졌어요. 인턴 시절 생산 현장을 경험했잖아요. 그것이 정말 큰 도움이 되었어요. 현장을 경험하면서 베트남어도 많이 늘었거든요.

회장님은 떠나셨지만 할아버지의 따뜻함은 여전히 제 삶 곳곳에 남아 있어요. 운동하기 귀찮을 때는 체력이 우선이라고 하신 말씀이 떠올라요. 서점에 가면 책을 많이 읽어야 한다며 달랏 대학교 한국어학과에 책을 기증해주셨던 것이 떠올라요. 우리가 달랏 대학교에서 연수를 하니, 그곳에 기증하고 우리도 함께 책을 읽으라고 하셨거든요. GYBM에서 사후관리 차원에서 멘토를 붙여주셨는데, 그분을 통해 회장님의 모습이 떠오르기도 해요. 할아버지 덕분에 참 많이 배우고 성장했어요. 그 고마움 잊지 않고, 저의 삶 곳곳에서 할아버지의 기억을 마주할 때마다 반갑게 웃을게요.
윤경아, 하고 부르면 네, 하고 대답했던 그때처럼요.

이윤경은 아주대학교 경영학과를 졸업하였다. 재학 중 프랑스 NEGOCIA 교환학생, 호주 CVA 프로그램 참여를 통하여 글로벌 진출에 대한 꿈을 키우기도 했다. 특히 졸업과 동시에 GYBM에 지원하였으며, 연수과정 중 김우중 회장과의 만남은 인생의 경로를 바꾸는 데 가장 큰 계기가 되었다. GYBM 수료 후 글로벌 전문기업 현진(HYUNJIN)에서 대리로 재직하며 해외영업을 담당하고 있다.

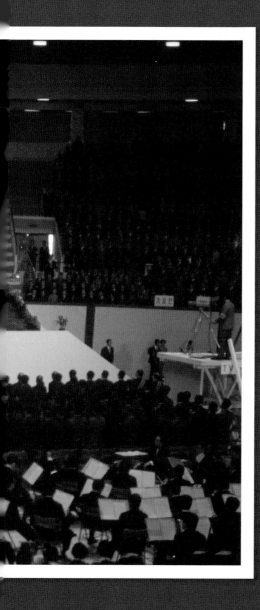

1973년 4월 17일 대전 충무체육관에서
'국력배양의 가속화'를 위한 제1회
전국경제인대회가 개최되었다.
4,500여 명의 기업인들이 모인
국가행사로 그 규모가 사상 최대였다.
경제건설에 박차를 가하던 박정희 대통령이
의욕적으로 만든 자리였다. 이 대규모
행사에서 김우중 회장은 기업인 대표로
대통령 앞에서 결의문을 낭독했다. 당시
그의 나이는 36세였다. 수많은 훈장을
받고 세계적인 행사에서 수없이 호스트
역할을 했었지만, 김우중 회장은 다른 어떤
행사보다도 이 행사에서 기업인을 대표하는
자리에 섰던 것을 가장 자랑스럽게
생각했다.

사진 제공. 국가기록원.

김우중 회장의 엄청난 해외 활동은 그가 경영한 대우를 '신흥국 최대의 다국적 기업'으로 만들어냈다. 개척자 김우중 회장의 이력은 여권에서도 찾아볼 수 있다. 세계경영을 기치로 해외시장을 누빈 그에게 출입국 심사는 피할 수 없는 절차였기에 그 기록이 그대로 여권에 담겨 있다. 세계 여러 나라의 입국심사 스탬프가 가득한 여권. 특이한 점은 거기에 찍힌 스탬프가 유난히 가지런하고 빼곡하다는 점이다. 신흥국가들과의 비즈니스가 많았으니 여권 내에는 해당국 비자도 많았다. 스탬프 찍을 여백이 없으면 추가로 여권을 발급받아 붙여 써야 하니 자꾸 여권이 두꺼워진다. 그래서 작은 여백조차도 아껴 쓰려고 노력했다. 그는 입국심사 때마다 스탬프 찍을 자리를 직접 손가락으로 가리켜 지정해주었다고 한다.

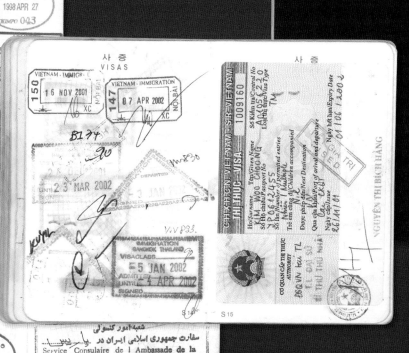

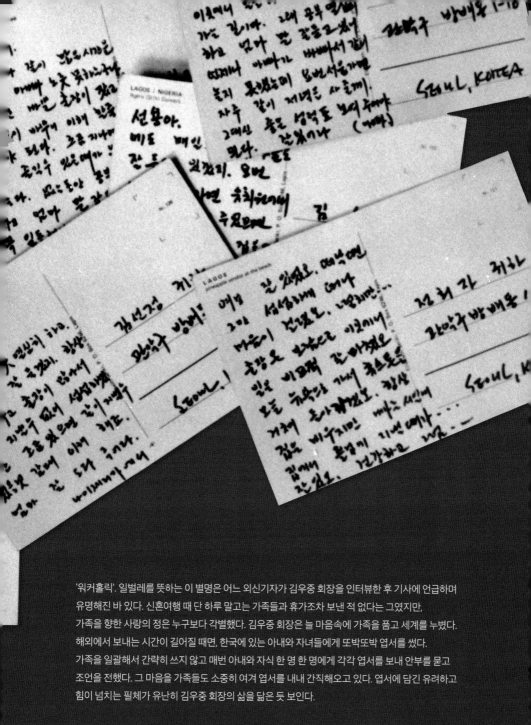

'워커홀릭'. 일벌레를 뜻하는 이 별명은 어느 외신기자가 김우중 회장을 인터뷰한 후 기사에 언급하며
유명해진 바 있다. 신혼여행 때 단 하루 말고는 가족들과 휴가조차 보낸 적 없다는 그였지만,
가족을 향한 사랑의 정은 누구보다 각별했다. 김우중 회장은 늘 마음속에 가족을 품고 세계를 누볐다.
해외에서 보내는 시간이 길어질 때면, 한국에 있는 아내와 자녀들에게 또박또박 엽서를 썼다.
가족을 일괄해서 간략히 쓰지 않고 매번 아내와 자식 한 명 한 명에게 각각 엽서를 보내 안부를 묻고
조언을 전했다. 그 마음을 가족들도 소중히 여겨 엽서를 내내 간직해오고 있다. 엽서에 담긴 유려하고
힘이 넘치는 필체가 유난히 김우중 회장의 삶을 닮은 듯 보인다.

김우중 회장은 대기업 총수였지만
전혀 권위적이지 않았다. 그는 어느
누구에게라도 정성을 다했고 무엇이든
맛있게 먹었고 어디서든 기꺼이 머물렀다.
세계 여러 나라를 수없이 드나들 때마다
거치게 되는 곳이 공항이다.
비행기를 기다리는 시간은 잠시 휴식을
취하기에 더없이 좋은 기회이기도 하다.
공항 대합실에서 편안하게 잠든 모습은
그의 평상시 성정을 정확히 반영한다.

연보

아무도 가지 않는 곳에
가고자 했던 사람

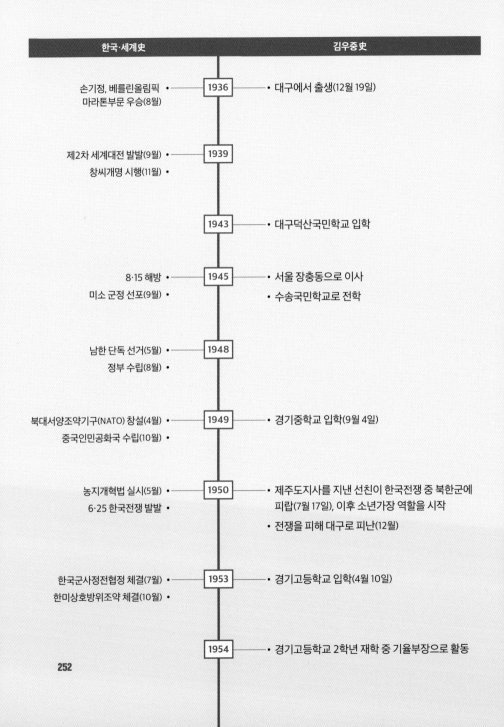

한국·세계史		김우중史
손기정, 베를린올림픽 마라톤부문 우승(8월)	**1936**	• 대구에서 출생(12월 19일)
제2차 세계대전 발발(9월) 창씨개명 시행(11월)	**1939**	
	1943	• 대구덕산국민학교 입학
8·15 해방 미소 군정 선포(9월)	**1945**	• 서울 장충동으로 이사 • 수송국민학교로 전학
남한 단독 선거(5월) 정부 수립(8월)	**1948**	
북대서양조약기구(NATO) 창설(4월) 중국인민공화국 수립(10월)	**1949**	• 경기중학교 입학(9월 4일)
농지개혁법 실시(5월) 6·25 한국전쟁 발발	**1950**	• 제주도지사를 지낸 선친이 한국전쟁 중 북한군에 피랍(7월 17일), 이후 소년가장 역할을 시작 • 전쟁을 피해 대구로 피난(12월)
한국군사정전협정 체결(7월) 한미상호방위조약 체결(10월)	**1953**	• 경기고등학교 입학(4월 10일)
	1954	• 경기고등학교 2학년 재학 중 기율부장으로 활동

252

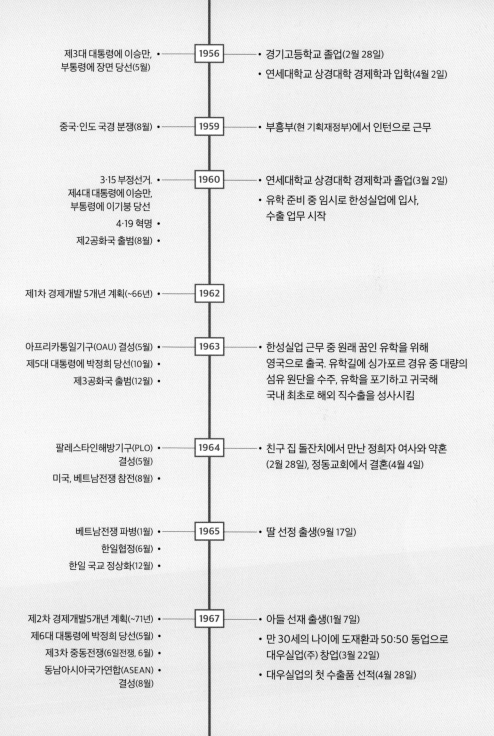

왼쪽 (국내외 정세)	연도	오른쪽 (개인사)
제3대 대통령에 이승만, 부통령에 장면 당선(5월)	1956	경기고등학교 졸업(2월 28일) 연세대학교 상경대학 경제학과 입학(4월 2일)
중국·인도 국경 분쟁(8월)	1959	부흥부(현 기획재정부)에서 인턴으로 근무
3·15 부정선거. 제4대 대통령에 이승만, 부통령에 이기붕 당선 4·19 혁명 제2공화국 출범(8월)	1960	연세대학교 상경대학 경제학과 졸업(3월 2일) 유학 준비 중 임시로 한성실업에 입사, 수출 업무 시작
제1차 경제개발 5개년 계획(~66년)	1962	
아프리카통일기구(OAU) 결성(5월) 제5대 대통령에 박정희 당선(10월) 제3공화국 출범(12월)	1963	한성실업 근무 중 원래 꿈인 유학을 위해 영국으로 출국. 유학길에 싱가포르 경유 중 대량의 섬유 원단을 수주, 유학을 포기하고 귀국해 국내 최초로 해외 직수출을 성사시킴
팔레스타인해방기구(PLO) 결성(5월) 미국, 베트남전쟁 참전(8월)	1964	친구 집 돌잔치에서 만난 정희자 여사와 약혼 (2월 28일), 정동교회에서 결혼(4월 4일)
베트남전쟁 파병(1월) 한일협정(6월) 한일 국교 정상화(12월)	1965	딸 선정 출생(9월 17일)
제2차 경제개발5개년 계획(~71년) 제6대 대통령에 박정희 당선(5월) 제3차 중동전쟁(6일전쟁, 6월) 동남아시아국가연합(ASEAN) 결성(8월)	1967	아들 선재 출생(1월 7일) 만 30세의 나이에 도재환과 50:50 동업으로 대우실업(주) 창업(3월 22일) 대우실업의 첫 수출품 선적(4월 28일)

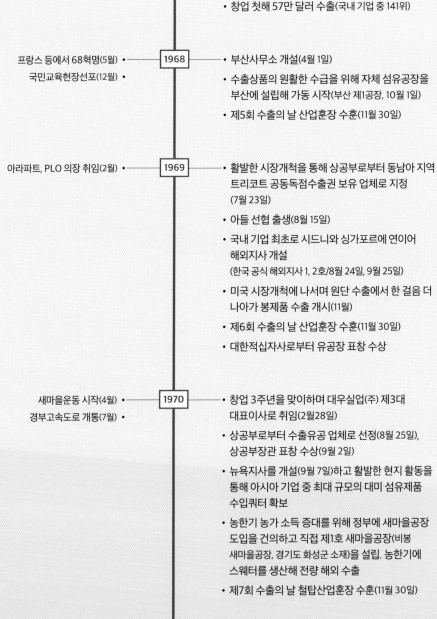

- 창업 첫해 57만 달러 수출(국내 기업 중 141위)

프랑스 등에서 68혁명(5월) •————— 1968 •— 부산사무소 개설(4월 1일)
국민교육헌장선포(12월) •
- 수출상품의 원활한 수급을 위해 자체 섬유공장을
  부산에 설립해 가동 시작(부산 제1공장, 10월 1일)
- 제5회 수출의 날 산업훈장 수훈(11월 30일)

아라파트, PLO 의장 취임(2월) •————— 1969 •— 활발한 시장개척을 통해 상공부로부터 동남아 지역
트리코트 공동독점수출권 보유 업체로 지정
(7월 23일)
- 아들 선협 출생(8월 15일)
- 국내 기업 최초로 시드니와 싱가포르에 연이어
  해외지사 개설
  (한국 공식 해외지사 1, 2호/8월 24일, 9월 25일)
- 미국 시장개척에 나서며 원단 수출에서 한 걸음 더
  나아가 봉제품 수출 개시(11월)
- 제6회 수출의 날 산업훈장 수훈(11월 30일)
- 대한적십자사로부터 유공장 표창 수상

새마을운동 시작(4월) •————— 1970 •— 창업 3주년을 맞이하며 대우실업(주) 제3대
경부고속도로 개통(7월) •
대표이사로 취임(2월 28일)
- 상공부로부터 수출유공 업체로 선정(8월 25일),
  상공부장관 표창 수상(9월 2일)
- 뉴욕지사를 개설(9월 7일)하고 활발한 현지 활동을
  통해 아시아 기업 중 최대 규모의 대미 섬유제품
  수입쿼터 확보
- 농한기 농가 소득 증대를 위해 정부에 새마을공장
  도입을 건의하고 직접 제1호 새마을공장(비봉
  새마을공장, 경기도 화성군 소재)을 설립. 농한기에
  스웨터를 생산해 전량 해외 수출
- 제7회 수출의 날 철탑산업훈장 수훈(11월 30일)

	1971	

방글라데시, 파키스탄으로부터
독립선언(3월) •

남북 적십자 예비 회담(9월) •

중국, 유엔 가입 •
(대만은 유엔 축출, 10월)

• 적극적인 해외시장 개척을 위해 유럽, 아시아,
  북미, 남미에 현지 지사를 대폭 확대 개설(1월 25일
  영국 런던지사, 4월 10일 홍콩지사·암스테르담지사,
  4월 17일 몬트리올지사, 6월 2일 파나마지사, 6월 15일
  로스앤젤레스지사, 6월 17일 프랑크푸르트지사 개설).
  대우는 해체될 때까지 매년 국내 기업 중 최다 해외
  사업장 운영 기록을 세움
• 창립기념일을 맞아 제1회 대우체육대회 개최
  (3월 22일)
• 수출입업허가증 갱신 결과 10위권 내 최초 진입
  (9위, 7월 30일)
• 제8회 수출의 날 동탑산업훈장 수훈(11월 30일)

	1972	

제3차 경제개발 5개년 계획(~76년) •

미국 닉슨 대통령, 중국 방문(2월) •

7.4 남북공동성명 발표 •

유신헌법 제정(10월) •

북한, 사회주의 헌법 공포 •
및 주석제 실시(12월)

• 국세청으로부터 성실신고법인으로 선정(5월 3일),
  이후 매년 선정
• 고려대학교로부터 '올해의 자랑스러운 기업인상'
  수상(6월 16일)
• 제9회 수출의 날 금탑산업훈장 수훈(11월 30일)
• 수출입업허가증 갱신 결과 창업 5년 만에
  국내 기업 중 수출 실적 2위에 올라섬
  (대우실업(주), 12월 31일)
• 종합상사 형태의 업무를 처음 도입하고 수출상품
  개발과 발굴을 추진하기 위해 개발부 신설

	1973	

칠레, 아옌데 정권 붕괴(9월) •

중동전쟁 발발 •
및 제1차 석유파동(10월)

• 한국능률협회로부터 '한국의 경영자상' 수상
  (3월 28일)
• 제1회 전국경제인대회(기업인 4,500여 명 참석)에서
  기업인 대표로 결의문 낭독(4월 17일)
• 삼주빌딩을 인수하여 첫 사옥을 마련하고
  대우빌딩으로 명명(4월 29일)
• 대우실업(주) 기업공개 단행, 3억 원 공모에 330%
  프리미엄(사상 최고치) 기록
• 여성 근로자들이 많은 회사 특성을 고려해
  대우실업 여자배구팀 창단(11월 10일)

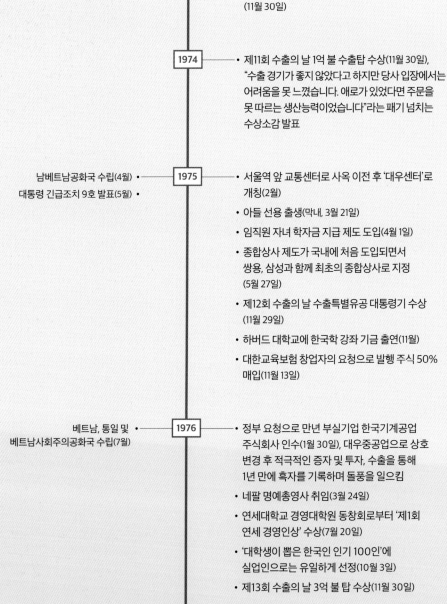

• 제10회 수출의 날 수출유공 대통령기 수상
(11월 30일)

1974

• 제11회 수출의 날 1억 불 수출탑 수상(11월 30일),
"수출 경기가 좋지 않았다고 하지만 당사 입장에서는
어려움을 못 느꼈습니다. 애로가 있었다면 주문을
못 따르는 생산능력이었습니다"라는 패기 넘치는
수상소감 발표

남베트남공화국 수립(4월) • — **1975**
대통령 긴급조치 9호 발표(5월) •

• 서울역 앞 교통센터로 사옥 이전 후 '대우센터'로
개칭(2월)

• 아들 선용 출생(막내, 3월 21일)

• 임직원 자녀 학자금 지급 제도 도입(4월 1일)

• 종합상사 제도가 국내에 처음 도입되면서
쌍용, 삼성과 함께 최초의 종합상사로 지정
(5월 27일)

• 제12회 수출의 날 수출특별유공 대통령기 수상
(11월 29일)

• 하버드 대학교에 한국학 강좌 기금 출연(11월)

• 대한교육보험 창업자의 요청으로 발행 주식 50%
매입(11월 13일)

베트남, 통일 및 • — **1976**
베트남사회주의공화국 수립(7월)

• 정부 요청으로 만년 부실기업 한국기계공업
주식회사 인수(1월 30일), 대우중공업으로 상호
변경 후 적극적인 증자 및 투자, 수출을 통해
1년 만에 흑자를 기록하며 돌풍을 일으킴

• 네팔 명예총영사 취임(3월 24일)

• 연세대학교 경영대학원 동창회로부터 '제1회
연세 경영인상' 수상(7월 20일)

• '대학생이 뽑은 한국인 인기 100인'에
실업인으로는 유일하게 선정(10월 3일)

• 제13회 수출의 날 3억 불 탑 수상(11월 30일)

제4차 경제개발 5개년 계획(~81년) •————| 1977 |———— • 동아방송 라디오 신년 특별 프로그램 권오기
수단과 수교(4월) •   부국장과의 대담에 출연, 10년 후 한국 경제와
수출 100억 달러 달성(12월) •   대우의 미래상을 정확히 예측해 훗날 사람들을
                     놀라게 함(1월)

- 학교법인 대우학원(아주대학교) 설립(3월 21일)

- 미수교국 수단을 방문, 누메이리 대통령을 만나
  영빈관 공사를 수주(5월)하고, 국내 최초의 플랜트
  수출이 된 수단 타이어공장을 수주(12월).
  수단 진출은 한국 최초의 미수교국 시장개척
  기록으로 남아 있으며, 김우중 회장을 통해
  정부 간 정식 수교를 맺음으로써 한국 정부 최초의
  제3세계 수교 기록을 남김

- 《파 이스턴 이코노믹 리뷰(Far Eastern Economic
  Review)》, '가장 깨끗한 기업인'으로 선정
  (5월 20일)

- 서울시 최대 규모의 비즈니스 건물로 재탄생한
  대우센터 빌딩 준공(6월 12일)

- 종합상사 중 제1호 해외건설면허 획득
  (대우실업, 10월 13일)

- 제14회 수출의 날 4억 불 수출의 탑 수상
  (12월 22일)

제2차 석유파동(10월) •————| 1978 |———— • 73년 기업공개 시 약속한 대로 사재 50억 원을
                     출연하여 대우문화복지재단(현 대우재단) 설립
                     (1월 25일)

- 서울언론문화클럽(서울언론재단 전신)을 설립해
  언론인 해외연수 지원사업 개시(2월 3일)

- 대우의 해외건설 사업 중 최대 규모를 이루게 되는
  리비아 건설공사 진출 시작(6월)

- 정부 요청을 받고 부실 상태에 빠진
  제너럴모터스(GM)와의 합작법인 새한자동차의
  한국산업은행 지분 50%를 인수(7월 25일),
  새한자동차 신임 대표이사 사장을 겸직

- 정부 요청으로 대우조선공업(주)를 설립하여
  (9월 26일) 부실기업 대한조선공사 옥포조선소
  인수(10월 1일)

- 제15회 수출의 날, 국내 종합상사 중 1위를 차지하며 6억 불 탑 수상(11월 30일)
- 국내 기업 중 연간 수출 실적 1위 등극 (70,580만 달러)
- 한미 경제협의회 이사(78~98년)
- 한·아세안 비즈니스클럽 부회장

1979

미중 국교 정상화(1월) •
이란혁명, 팔레비 왕조 붕괴(2월) •
박정희 대통령 피격 사망(10월) •
전두환 신군부 집권(12월) •
소련, 아프가니스탄 침공(12월) •

- 낙도오지 의료 및 장학 사업을 펼치기 위해 대우문화복지재단을 통해 신안 대우병원(3월 17일), 무주 대우병원(3월 24일), 진도 대우병원(4월 4일) 개원
- 업계 최초로 월간 수출 1억 달러 돌파(5월)
- 제16회 수출의 날 국내 기업 최초로 10억 불 탑 수상 (11월 30일)
- 전국경제인연합회 부회장(79~98년)
- 한국무역협회부회장(79~93년)
- 주한 수단 명예총영사

1980

5·18 민주화 운동 •
이란·이라크 전쟁 발발(9월) •

- 그룹 경영에 책임경영제를 도입(그룹을 업종별로 나눠 총괄하는 사장제도, 2월 28일)
- 대우문화복지재단에서 낙도오지 의료 지원사업을 펼칠 네 번째 병원으로 완도 대우병원 개원(3월 4일)
- 수단 타이어공장(ITMD) 준공, 수단 정부에서는 이날을 '한국의 날'로 지정하고 김우중 회장에게 외국인 대상 최고훈장인 '오더 오브 더 투나일스 (Order of the TwoNiles)' 수여(5월 29일)
- 정부의 중화학 투자 재조정에 따라 한국중공업을 출범시키고 초대 대표이사에 취임(8월 13일)
- 소유가 아닌 성취의 길을 걷기 위해 모든 개인재산을 사회에 환원하겠다고 발표(8월 27일)
- 회장제를 처음 도입하고 그룹회장에 취임(9월 18일)
- 사재 200억 원 상당의 개인재산 전부를 불우·부진한 분야를 돕는 데 써달라는 당부와 함께

대우문화복지재단에 출연(10월 8일). 대우재단으로
이름을 바꾼 후 출연한 기금으로 기초학문분야
학술연구지원사업을 개시하고 대우학술총서
출간 시작

- 연간 수출 실적 1위 지속 유지
  (14억1천9백33만4천 달러, 10월 31일)
- 한국섬유산업협회 부회장(80~86년)
- 대한체육회 부회장(80~89년)
- 연세대학교 총동문회 부회장(80~97년)

전두환 대통령 당선 및 •
제5공화국 출범(3월)
수출 200억 달러 달성(12월) •

1981

- 수입에 의존하던 화력발전 설비를 최초로
  국산화한 울산 화력발전소 4,5,6호기 준공
  (3월 17일)
- 컨테이너 선박 단일 수주로는 사상 최대 규모인
  12척의 컨테이너 선박을 미국 U.S.Line에서
  수주(6월 28일)
- 단일 기업 월 수출 실적 2억 달러 최초 돌파
  (6월 30일)
- 대우조선의 옥포조선소 종합 준공(10월 17일)
- 4년 연속 수출 실적 1위 달성, 제18회 수출의 날
  15억 불 탑 수상(한국 총수출의 8.9% 점유, 10월 30일)
- 세계적인 페밀리인컴 추세에 부응하고자 기혼
  여직원 공채제도 실시(국내 기업 최초, 30명 채용)
- 한일 경제협회 부회장(81~98년)

제5차 경제개발 5개년 계획(~86년) •
야간 통행금지 전면 해제(1월) •
이스라엘, 레바논 침공(8월) •

1982

- 대우실업(주)과 대우건설(주)을 통합하여
  ㈜대우 출범(1월 1일)
- 기업 이미지 통일을 위해 국내 기업 최초로
  그룹 차원의 CIP 도입(2월 1일)
- 리비아 건설사업 진출 첫 프로젝트인 가리니우스
  의과대학 준공(9월 30일), 81년부터 84년까지 월
  평균 대형 건설사업 1건을 수주할 만큼 현지에서
  적극적인 수주 활동 펼침
- 제19회 수출의 날, 수출 20억 불 탑 수상
  (21억1천만 달러)

	1983	GM으로부터 경영권을 인수하고 새한자동차를

KBS 이산가족 찾기 •　　　|1983|　　• GM으로부터 경영권을 인수하고 새한자동차를
특별 생방송 방영(6월)　　　　　　　　　　대우자동차(주)로 상호 변경(1월 3일)

아웅산 묘소 폭파 사건(10월) •　　　　　　• 거제도에 대우병원 설립 및 개원
　　　　　　　　　　　　　　　　　　　　(대우의료재단, 2월 25일)

　　　　　　　　　　　　　　　　　　　• 대미 섬유류 수출 10억 달러 돌파

　　　　　　　　　　　　　　　　　　　• 국내 최초로 기업이 만든 전문 합창단인
　　　　　　　　　　　　　　　　　　　　대우합창단 창단(10월 20일)

　　　　　　　　　　　　　　　　　　　• 제20회 수출의 날 25억 불 탑 수상
　　　　　　　　　　　　　　　　　　　　(25억2천6백만 달러 수출)

　　　　　　　　　　　　　　　　　　　• 프로축구 출범을 맞아 대우로얄즈 축구단 창단
　　　　　　　　　　　　　　　　　　　　(12월 3일)

　　　　　　　　　　　　　　　　　　　• 대한요트협회 회장(83~86년)

　　　　　　　　　　　　　　　　　　　• 한·아랍 친선협회 회장

　　　　　　　　　　　　　　　　　　　• 한국기원 총재

　　　　　　　　　　　　　|1984|　　• 2년 연속 한국의 기업상 수상((주)대우, 1월)

　　　　　　　　　　　　　　　　　　　• 관훈클럽 초청으로 기업인 최초로 관훈토론회에
　　　　　　　　　　　　　　　　　　　　참석(2월 27일)

　　　　　　　　　　　　　　　　　　　• KBS 주최 '김우중 회장과 100명의 대학생
　　　　　　　　　　　　　　　　　　　　자유토론' 특별프로그램 참석(4월 8일)

　　　　　　　　　　　　　　　　　　　• 국제상업회의소(ICC)로부터 기업인의 노벨상이라
　　　　　　　　　　　　　　　　　　　　불리는 '국제기업인상(International Business
　　　　　　　　　　　　　　　　　　　　Award)'을 아시아 기업인 중 최초로 수상(6월 18일)

　　　　　　　　　　　　　　　　　　　• 《매일경제신문》, '대학생이 가장 좋아하는
　　　　　　　　　　　　　　　　　　　　기업인'으로 선정(11월)

　　　　　　　　　　　　　　　　　　　• 미국 UTC태평양 자문위원

소련, 고로바초프 공산당 서기장 •　|1985|　　• 기업인 최초로 연세대학교에서
취임 및 개혁(3월)　　　　　　　　　　　명예경제학박사학위 받음(2월 25일)

북한, 핵확산금지조약(NPT) •　　　　　• 선친이 도지사를 지낸 제주도에 기증한
가입(12월)　　　　　　　　　　　　　　우당도서관 개관(6월)

　　　　　　　　　　　　　　　　　　　• 한국능률협회, ㈜대우를 85년도 매출액 1위
　　　　　　　　　　　　　　　　　　　　기업으로 선정(10월 8일)

- 국내 기업 최초로 대졸 여직원 공채 시행(11월)
- 아시아요트연맹 회장(83~86년)
- 서울아시안게임 조직위원회(SAGOC) 위원(85~86년)
- 서울올림픽 조직위원회(SLOOC) 위원(85~89년)
- 이탈리아 공로훈장 수훈
- 한·리비아 친선협회 회장

1986

필리핀, 민주혁명으로 · 마르코스 정권 붕괴(2월)
체르노빌 원자력발전소 · 방사능 누출 사고(4월)
서울아시안게임 개최(6월) ·

- 《US 뉴스 & 월드 리포트(U.S News & World Report)》, '주목해야 할 세계적 경영인'으로 선정(5월 11일)
- GM의 월드카 프로젝트 일환으로 대우자동차가 생산한 월드카 르망 신차 발표회 개최(6월 27일)
- 고려대학교에서 명예경영학박사학위 받음 (8월 23일)
- 한국섬유산업협회 회장(86~89년)
- 콜롬비아 대통령으로부터 '명예대십자 훈장(Honor Al Merito Grando Gran Cruz)' 수훈
- 콜롬비아 발레주로부터 훈장 수훈
- 씨티뱅크 아시아태평양 지도자회의 위원
- 중국 상하이시장을 위한 국제기업지도자 자문회의 위원
- 미국 콜롬비아 샌티아고 드 칼리 대학교 명예경영학박사학위 받음

1987

호헌 조치(4월) ·
6·29 민주화 선언 ·
KAL기 폭파 사건(11월) ·

- 《포천(Fortune)》, '올해의 세계 50대 기업인'으로 선정(1월 5일)
- 대우그룹 창립 20주년을 맞아 대우중앙연수원 개관(3월 26일)
- 《포브스(Forbes)》, 대우그룹을 '세계 500대 기업' 69위에 선정(7월 14일)
- 문예진흥후원협의회로부터 '마로니에 기업문화상' 수상(12월 9일)

	1988	

노태우 정부 및 제6공화국 출범(2월) •

서울올림픽 개최(9월) •

팔레스타인해방기구(PLO)
독립 선언(11월) •

• 《이코노미스트(The Economist)》, '세계에서
가장 존경받는 기업인'으로 선정(3월 20일)

• 미국 조지워싱턴 대학교 공공봉사 부문
명예박사학위 받음(5월 8일)

• 국내 최초의 중국 진출 프로젝트인 복주
냉장고공장 준공(6월 13일)

• 한국경영학회가 수여하는 '경영자 대상' 수상
(10월 19일)

• 《US 뉴스 & 월드 리포트(U. S. News & world
report)》, '세계의 실업가'로 선정(12월 26일)

• 전국경제인연합회 부설 경제사회개발원
원장(88~91년)

• 대한축구협회 회장 취임(88~92년)

• 국민훈장 모란장 수훈

• 한미 재계회의 위원

	1989	

남북 총리 회담(2월) •

헝가리와 수교(2월) •

중국, 톈안먼 사건(6월) •

폴란드와 수교(11월) •

아시아태평양경제협력체(APEC)
결성(11월) •

베를린장벽 붕괴(11월) •

미소, 몰타정상회담
(냉전 종결 선언,12월) •

• 모범 납세 공로로 금탑산업훈장 수훈(3월 3일)

• 파키스탄 정부로부터 민간 최고훈장 '파키스탄의
별' 수훈(3월 23일)

• 《세계는 넓고 할 일은 많다》 출간(8월 10일),
출간 후 6개월 만에 100만 부를 돌파하며
최단기 밀리언셀러를 기록(기네스 인증).
영어판·일어판·중국어판 등 전 세계에서 총 23개
언어 26판본 출간

• 대우조선 경영 정상화를 위해 개인 소유 주식
매각(11월 23일)

• 유네스코 서울협회, '올해의 인물'로 선정
(12월 16일)

• 한국섬유산업협회 명예회장(89~92년)

• 연세대학교 상경대학 동창회 회장(89~97년)

	1990	

걸프전쟁 발발(8월) •

소련과 수교(9월) •

• 대우조선 경영 정상화를 위해 거제도
옥포조선소에 체류하면서 현장 경영 시행

독일 통일(10월) •

- 대우조선 근로자들의 초청을 받아 매일 근로자 가정을 방문해 근로자 가족들과 함께 아침식사
- 대우그룹 전체를 대상으로 '관리혁명' 경영혁신 프로그램 시행
- 북경 아시아게임에 승용차 150대 무상 기증 (9월 22일)
- 몰타공화국 국제자문위원회 위원
- 국민훈장 모란장 수훈

발트 3국 독립(8월) •
남북, 유엔 동시 가입(9월) •
남북기본합의서 채택(12월) •
북한, 나진·선봉 특구 지정(12월) •

1991

- 해외 출장에 동행한 철학자 김용옥과의 대담집 《대화》(김용옥 공저) 출간(3월)
- 벨기에 국왕으로부터 '대왕관 훈장' 수훈(6월)
- 사재 200억 원을 출연해 시행한 기초학술연구 지원사업 결과물을 담은 대우재단의 대우학술총서가 200권을 돌파(10월 5일)
- 국내 최초의 경자동차 도입 프로젝트로 직접 진두지휘한 대우국민차 창원공장 준공식 거행 (11월 27일)
- 대학교육심의회 위원(91~92년)
- 국제민간경제협의회 회장

중국과 수교(8월) •
소련 해체 및 독립국가연합(CIS) •
결성(12월)

1992

- 대통령특사 자격으로 북한 방문, 김일성 주석 면담 및 대북 경제협력사업 협의(1월 16~25일)
- 신문편집인협회 초청으로 금요조찬회에 참석, 방북 결과를 설명(1월 31일)
- 국내 기업 최초이자 세계 최대 규모로 베트남 진출 및 협력사업 본격화, 가전공장(4월 10일) 및 상용차 조립공장(5월) 설립
- 《세계는 넓고 할 일은 많다》 인세를 불우청소년 돕기에 쓰겠다는 취지에서 청주시에 '대우꿈동산'을 개원하고 소년소녀가장을 위한 주거형 복지공간 마련(총 91세대 아파트, 5월)
- 선도적 기초기술 개발을 위해 국내 최초로 산학연 연구조합 형태로 고등기술연구원 설립(7월 7일)

- 관훈클럽의 두 번째 초청을 받아 관훈토론회 참석(8월 25일)
- 북경에 건설한 종합비즈니스센터 개관(10월)
- 독일 정부로부터 '십자공로 훈장' 수훈(10월 21일)
- 제14대 대통령선거 출마설이 확산되자 기자회견을 열고 불출마 선언(10월 29일)
- 자동차산업 파트너였던 GM과 합작관계를 청산하고 지분 전량을 인수하여 대우자동차 독자 경영에 돌입
- 선진 대학교육을 이해할 기회를 얻는 한편 국내 우수 인재들의 교육 기회 확대를 위해 미국 내 우수 대학들과 긴밀한 관계 맺기에 나섬(펜실베니아 대학교 와튼스쿨 이사, 미시간 대학교 경영대학원 이사, 하버드 대학교 경영대학원 이사, 하버드 대학교 경영대학원 Asian Advisory Committee 위원)
- 고려중앙학원(고려대학교 재단) 이사
- 한국과학기술재단 이사
- 러시아 이코노믹 아카데미 명예경제학박사학위 받음
- 한미 우호협회 고문

김영삼 정부 출범(2월) •

북한, 핵확산금지조약(NPT) •
탈퇴(3월)

북한, 김정일 국방위원장 취임(4월) •

소말리아 파병(7월) •

금융실명제 실시(8월) •

유럽연합(EU) 출범(11월) •

우루과이라운드 타결(12월) •

| 1993 |

- 국내 최초로 베트남에 합작가전공장을 건설하고 기공식 개최(2월 6일)
- 창립기념일을 맞아 세계화의 추세를 적극적으로 선도해 나가고자 그룹의 미래전략으로 '세계경영'을 선포하고 고등기술연구원 연구센터 기공식과 함께 '기술대우' 추진을 선언(3월 22일)
- 국내 최초로 채용박람회를 힐튼호텔에서 개최 (4월 28일)
- 중국 진출을 본격화하며 계림 버스공장 합작설립 계약 체결(9월 23일)에 이어 대우시멘트(산동)유한공사 법인설립 및 기공식을 북경 인민대회당에서 대규모로 개최(10월 8일)
- 베트남 하노이에 최고급 호텔을 포함한 대규모 복합비지니스센터 착공식 거행(12월 2일)

- 한일 친선협회 고문(93~94년)
- 광주과학기술원 이사(93~97년)
- 한독 협회 회장 취임
- 학교법인 연세대학교 이사

북미자유무역협정(NAFTA) •
출범(1월)

1994

- 사우스케롤라이나 대학교에서
명예인문학박사학위 받음(5월 13일)

북한, 김일성 주석 사망(7월) •

북미 제네바 핵 합의(10월) •

러시아, 체첸 침공(12월) •

- 세계경영을 주도해 나갈 차세대 경영자 육성을
위해 '대우-미시간 글로벌 MBA 과정' 개설(11월)
- 모범 납세 공로로 82년, 89년에 이어 세 번째
금탑산업훈장 수훈
- GM과 결별 후 독자적인 자동차 수출을 위해
국내에 전담 조직을 만든 후 영국(4월 23일),
독일(12월 21일)등 서유럽 각국에
자동차판매법인을 설립하고 현지에서
마케팅 진두지휘 시작

세계무역기구(WTO) 출범(1월) •

지방자치선거 전면 실시(6월) •

1995

- 대우학술총서 300권 돌파(2월)
- 정부로부터 대북 경제협력사업으로 남포공단
협력사업 승인 획득(북한 진출 1호, 5월 17일)
- 콜롬비아 대통령으로부터 콜롬비아 최고훈장인
'명예대십자 훈장(Honor Al Merito Grando Gran
Cruz)' 수훈(6월)
- 폴란드에서 GM과의 경합 끝에 국영 승용차회사
FSO 인수에 성공(11월)
- 콜롬비아 샌티아고 드 칼리 대학교에서
명예경영학박사학위 받음
- 중국 베이징 대학교 명예고문
- 씨티뱅크 아시아태평양지도자회의 위원
- 중국 상하이시장을 위한 국제기업지도자 자문회의
위원
- 학교법인 심석학원 이사장 취임

경제협력개발기구(OECD) • 가입(12월)	**1996**

• 루마니아 현지 자동차생산법인
로대(RODEA)자동차 준공식 거행(3월 11일)

• 그룹 차원의 '세계경영 발전전략' 확정(2000년까지
해외산업기지 1천 개로 확대, 3월 20일)

• 폴란드 최대 자동차법인 DAEWOO-FSO
창립기념행사 거행(3월28일)

• 전 세계 주요 인사들과 언론인을 한국으로 초청해
'세계경영 국제대토론회' 개최(3월)

• 북한 남포공단에 남북경협 최초의 합영공장
설립(5월 17일) 및 가동(8월 19일)

• 중국 진출 및 현지 거주 동포들을 돕기 위한
목적으로 동북 3성 최초의 5성급 호텔인 연변
대우호텔 오픈(8월 29일)

• 프랑스 정부가 민영화에 나선 최대 가전업체 톰슨
멀티미디어 인수를 확정(10월 16일)했으나 프랑스
국민과 의회 반대로 민영화 무산(12월 4일).
당시 김우중 회장은 컬러TV 원천기술을 보유한
RCA 모기업 톰슨 인수를 통해 전 세계에서
로열티를 받음으로써 우리 국민의 자긍심을
높이고자 했다는 심경을 피력함

• 1백억 불 수출의 탑 및 금탑산업훈장 수훈
(11월 30일)

• 2002년 월드컵조직위원회 집행위원(96~98년)

• 미국 UTC태평양 자문위원

• 중국 항저우 대학교 명예고문 및 명예교수

• 우즈베키스탄 세계경제외교대학교 명예교수

• 루마니아 크라이오바 대학교에서 명예박사학위
받음

영국, 중국에 홍콩 반환(7월) • 외환위기로 IMF 구제금융 • 요청(12월)	**1997**

• 《이코노미스트》, 김우중 회장을 한국의 해외
진출을 선도하는 경영인으로 소개(2월 13일)

• 세계 15개국에 해외 본사 설치 등 세계경영 정착에
적극 나서기로 결정(4월 7일)

• 연세대학교 동문회 제20대 총동문회장에 취임
(5월 10일)

- 북한 방문, 나진 선봉 등에 대북 투자 확대 추진
  (9월 14~19일)
- 폴란드에서 대우 FSO 라노스라인 준공식 개최,
  크바스니에프스키 폴란드 대통령 등 관계인사
  2천 명 참석(10월 7일)
- 《더 카(The Car)》(영국), 세계 자동차 업계 유력인사
  300인 중 김우중 회장을 5위에 선정(11월 11일)
- 《포천》, '97 아시아 기업인'에 김우중 회장을 국내
  기업인 중 유일하게 선정(12월 31일)
- 전남대학교에서 명예철학박사학위 받음
- 베트남 국립 하노이 대학교에서
  명예경제학박사학위 받음
- 미국 보스턴 대학교에서 명예법학박사학위 받음
- 한국국제노동재단 이사장
- 우크라이나 국제투자자문위원회 위원(대통령 직속)

김대중 정부 출범(2월) •
유고, 코소보 사태(3월) •
북한, 국가주석제 폐지(9월) •
금강산 관광사업 시작(11월) •

1998

- 외환위기 극복을 위해 회사 임직원을 대상으로
  전개한 '금모으기운동'이 전국으로 확산(1월)
- 경기고등학교 총동창회 회장으로 추대(1월 13일)
- 세계경제포럼(World Economic Forum,
  다보스포럼)에 자문위원(50인 중 유일한 아시아인)
  및 Automotive Governors Meeting 위원
  자격으로 참석(1월 29일)
- GM과 합작을 위한 양해각서 체결(2월)
- 《아시아위크(Asia Week)》, '아시아 유력인사
  50인'에 2년 연속 선정(5월 25일)
- 관훈클럽 초청 관훈간담회 참석해 '희망의 싹을
  틔우자'라는 기조연설 후 토론회 개최(7월 31일)
- 제24대 전경련 회장으로 선출(9월 16일)
- 서울대병원에서 만성 경막하
  혈종 수술(11월 15일) 후 회복
- 예술의 전당 이사 선임(6월 19일)
- 평화와 통일을 위한 복지기금(평통복지기금재단)
  이사장

• 《주간 매경》, '호감 가는 총수' 1위 선정
(23.1%, 12월 14일)

유럽 단일 통화(유로화) 출범(1월) •——— **1999** •—— 제25대 전경련회장으로 선출(2월 11일)

동티모르, •
인도네시아로부터 독립(8월)

동티모르 파병(9월) •

포르투칼, •
중국에 마카오 반환(12월)

• 원활한 구조조정을 위해 협조해달라는 정부
요청을 받고 출국(10월)

• "한없는 미안함을 가슴에 담고 오늘 저는 대우가족
여러분께 마지막 작별인사를 드리고자 합니다"로
시작하는 고별 서신을 남기고 대우그룹 회장직
사임(11월). 해체 직전 대우그룹은 41개 계열사와
600여 개의 해외법인·지사망, 국내 10만 명,
해외 25만 명의 고용인력을 토대로 해외 21개
전략국가에서 현지화 기반을 닦고 있었음.
당시 자산 총액은 76조7천억 원, 매출은 91조
원(1998년)

남북 정상회담 •——— **2000**
및 6·15 남북공동선언(6월)

부산 아시안게임 •
개최 및 북한 참가(9월)

미국, 9·11 테러 •——— **2001**

한일 월드컵 개최(5월) •——— **2002**

노무현 정부 출범(2월) •——— **2003**
미국, 이라크 침공(2월) •
6자 회담 개최(8월) •

경부·호남 고속철도 동시 개통(4월) •——— **2004**

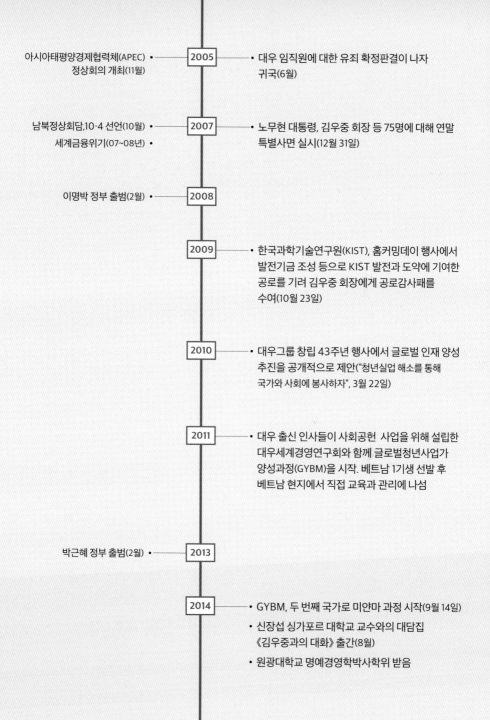

| | 2005 | 대우 임직원에 대한 유죄 확정판결이 나자 귀국(6월) |

아시아태평양경제협력체(APEC) • 정상회의 개최(11월)

| | 2007 | 노무현 대통령, 김우중 회장 등 75명에 대해 연말 특별사면 실시(12월 31일) |

남북정상회담,10·4 선언(10월) •
세계금융위기(07~08년) •

이명박 정부 출범(2월) •
| | 2008 | |

| | 2009 | 한국과학기술연구원(KIST), 홈커밍데이 행사에서 발전기금 조성 등으로 KIST 발전과 도약에 기여한 공로를 기려 김우중 회장에게 공로감사패를 수여(10월 23일) |

| | 2010 | 대우그룹 창립 43주년 행사에서 글로벌 인재 양성 추진을 공개적으로 제안("청년실업 해소를 통해 국가와 사회에 봉사하자", 3월 22일) |

| | 2011 | 대우 출신 인사들이 사회공헌 사업을 위해 설립한 대우세계경영연구회와 함께 글로벌청년사업가 양성과정(GYBM)을 시작. 베트남 1기생 선발 후 베트남 현지에서 직접 교육과 관리에 나섬 |

박근혜 정부 출범(2월) •
| | 2013 | |

| | 2014 | GYBM, 두 번째 국가로 미얀마 과정 시작(9월 14일)
• 신장섭 싱가포르 대학교 교수와의 대담집 《김우중과의 대화》 출간(8월)
• 원광대학교 명예경영학박사학위 받음 |

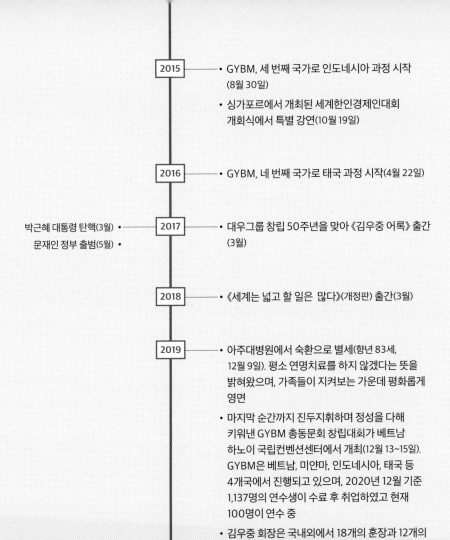

2015 — • GYBM, 세 번째 국가로 인도네시아 과정 시작
(8월 30일)

• 싱가포르에서 개최된 세계한인경제인대회
개회식에서 특별 강연(10월 19일)

2016 — • GYBM, 네 번째 국가로 태국 과정 시작(4월 22일)

박근혜 대통령 탄핵(3월) • — **2017** — • 대우그룹 창립 50주년을 맞아 《김우중 어록》 출간
문재인 정부 출범(5월) • (3월)

2018 — • 《세계는 넓고 할 일은 많다》(개정판) 출간(3월)

2019 — • 아주대병원에서 숙환으로 별세(향년 83세,
12월 9일). 평소 연명치료를 하지 않겠다는 뜻을
밝혀왔으며, 가족들이 지켜보는 가운데 평화롭게
영면

• 마지막 순간까지 진두지휘하며 정성을 다해
키워낸 GYBM 총동문회 창립대회가 베트남
하노이 국립컨벤션센터에서 개최(12월 13~15일).
GYBM은 베트남, 미얀마, 인도네시아, 태국 등
4개국에서 진행되고 있으며, 2020년 12월 기준
1,137명의 연수생이 수료 후 취업하였고 현재
100명이 연수 중

• 김우중 회장은 국내외에서 18개의 훈장과 12개의
명예박사학위를 받았다.

역사는 꿈꾸는 자의 것이다

김우중 아포리즘

1판 1쇄 찍음   2020년 11월 25일
1판 1쇄 펴냄   2020년 12월 7일

지은이   김우중
엮은이   김우중아포리즘발간위원회
펴낸이   김정호

펴낸곳   북스코프
출판등록   2006년 11월 22일(제406-2006-000184호)
주소   10881 경기도 파주시 회동길 445-3 2층
전화   031-955-9503(편집) 031-955-9514(주문) 031-955-9519(팩스)
전자우편   acanet@acanet.co.kr
홈페이지   www.acanet.co.kr

책임편집   김진형
2부 구성   오선화
그림   KASIQ. 이정우
디자인   디자인비따

ISBN 978-89-97296-77-4 03320

도서의 국립중앙도서관 출판예정도서목록(CIP)은 서지정보유통지원시스템 홈페이지
(http://seoji.nl.go.kr)와 국가자료공동목록시스템(http://www.nl.go.kr/kolisnet)에서
이용하실 수 있습니다.(CIP제어번호: CIP2020048129)

북스코프는 아카넷의 대중 논픽션 및 교양물 전문 브랜드입니다.